节日中国

端午

刘晓峰 著

许多节日只有一个名字。
一个端午节却拥有许许多多个名字。
每一个名字的后面，
都一定有一段传说、一段故事、一种观念。
让我们透过一个个名字，
看一看端午节历史的深厚积淀：

天津杨柳青年画《全出白蛇传》故事左上画白素贞饮雄黄酒 王树村、汉声/供图

端午的名字

端午
大量出现“端午”的叫法是在唐代。

端五
历史上应当有过称端午为端五的阶段。

端节
“端”字，有“正”的意思，还有“开始”的意思。

五月五
端午节，一个更早更为平凡的叫法。

午月午
“午”字，体现了五月岁时中阴阳间发生的关键性转换。

重五
取义于五月五日五五相重。

重午
五月为午月，重午取的是五月的午日午午重逢这层特殊的意义。

地蜡
道教称五月五日为地蜡，是求升迁、祭先祖的日子。

五月，一个特殊的月份。
十二月中日照时间最长的日子，
太阳在这里经历由盛而衰的过程。
你可知道在古人的眼中，这意味着什么？
乾坤坎离，如何转换？
世界怎样被想象成阴阳水火轮转循环？

五月节：最反映今天端午节特征的称谓。

天中节：午时是一日之中，午月是一年之中。

龙舟节：龙舟竞渡的起源，多说是寻救屈原。

粽子节：粽子最初的起源，与屈原并没有关系。

诗人节：端午节并非起源于屈原，已经是学术界基本一致的常识性看法。

浴兰节：端午节流行用兰汤沐浴。

女儿节：端午在吴地很早就是纪念孝女曹娥之日。

端午探源

你可解得这一个谜团？上巳是水的日子，为什么我们的祖先要祭奠一位死于火的贤士？端午是火的日子，为什么我们的祖先要祭奠一位死于水的忠臣？是什么力量把五月五日和夏至连到一起，形成五月最大的节日？端午节背后的谜，你想知道谜底么？

湖北秭归屈原祠　fotoe/供图

明·陈洪绶《屈子行吟图》局部

这样的节日，世界上少有。千百年追怀一位被国王放逐的臣子，千万人共同凭吊一位自沉于水的诗人。他有高贵的出身，是帝高阳之苗裔，他期望举贤授能，建立美好的社会，长太息以掩泣，恒哀叹民生多艰；路漫漫而修远兮，他曾上下而求索。

湖北宜昌滨江公园里的屈原塑像　图文天下/供图

三峡龙舟赛上的招幡　fotoe/供图

龙舟赛前祭奠屈原　尹春/图文天下供图

鸟飞返故乡，狐死必首丘，他对故国有无限眷恋。伏清白以死直，他宁可自沉汨罗也断不肯与世推移。日月不淹，春秋代序，多少寒暑经过；草木零落，美人迟暮，人民仍旧深深地记着他。

端午节俗

在成长的夏季，端午是最重要的节日。因为它是：一个千舟竞发、喊声和呼号声响遍神州的日子；一个熊熊燃烧的火的日子；一个喧喧嚷嚷竞逐锦标的日子；一个出嫁的女子们归宁探亲的日子；一个飘荡着粽香的日子。

北京老行当——卖粽子的　盛锡珊/绘

龙舟竞渡

“龙的传人”，“龙的故乡”，端午赛龙舟之俗，流行于南北中国。闻一多先生说：龙舟是上古龙图腾崇拜的遗意。水上，拼力向前，岸上，人如蚁聚，并肩接踵，涌砌如墙，喧呼号喊，龙舟是桡手和观众都投入其中的运动。

广东肇庆裹蒸粽，以冬叶、水草包裹糯米、脱衣绿豆、猪肉等。　王颖/fotoe供图

台湾主妇在制作湖州豆沙粽　汉声/供图

台湾肉粽　汉声/供图

清代的龙舟

宋·李嵩《天中戏水图》局部 fotoe/供图

赛龙舟　朱万昌/摄　fotoe/供图

日本古代绘画中的端午石战场面

采药制药

踏青采药，撷兰摘艾，五月是采收一年药性最纯的草药的月份。

河南洛阳峪里乡，绝壁上的采药人
马宏杰/fotoe供图

争斗之节

五月，“阴阳争，死生分”的月份。五月节俗充满了斗与争。龙舟竞渡是争，北方曾经广为流行的竞射也是争，还有厮打冈上的厮打，还有斗百草、斗石……

库淑兰剪纸《五毒图》 汉声/供图

防毒辟邪的油炸五毒

驱邪避毒

“五月五日天中节，一切恶事尽消灭。急急如律令。”“五月五日天中节，赤口白舌尽消灭。”

这些咒语今天对你可能很陌生。但它与续命缕、与五色丝、与辟兵雄黄酒、插门的艾蒿、菖蒲，都曾被看成拥有神奇的魔力，在一阴初起的五月，给我们的先人带来灵魂的安宁。

十二属相古铜镜

铸剑造镜

五月是一年“阳之至”的月份，铸造纯阳的剑与镜，五月五日是最好的圣日。

神农采药图 山西省雁北地区文物工作站/藏 fotoe/供图

湖南岳阳屈子祠，艾蒿插门。
尹春/图文天下供

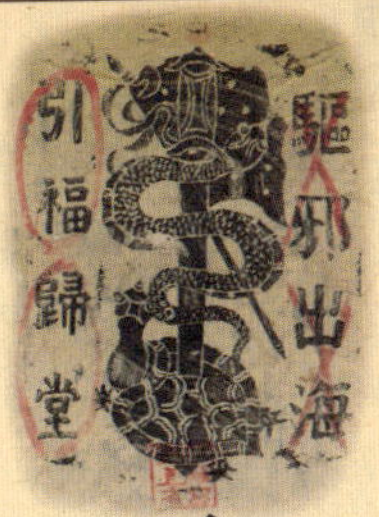

广西北海市，村民门上贴的桃符
桂鸿/摄　fotoe/供图

苏州桃花坞木版古年画
《天师镇宅》　fotoe/供图

蒲剑艾旗忙半日，
分来香袋与香球。
雄黄额上书王字，
喜听人称老虎头。

丰子恺《儿童杂事诗笺释》

绘画中的韦陀、关公

赵公明像
甘肃省武威市古浪县博物馆/藏

江苏洪泽县街头出售的五彩线，俗信扣在手腕上可趋吉避凶。　fotoe/供图

开封朱仙镇木版年画中的钟馗
马宏杰/fotoe供图

宗教习俗

骑虎的天师，镇伏各种毒虫。驱邪除鬼的钟馗，影响力甚至漂洋过海，到了日本。关帝也是端午的保护神，单刀会是端午传统节日的曲目。还有韦陀、雷神，那些送瘟神的仪式，那些关于蛊毒神秘的传说，——五月，你是神圣的日子。

端午在东亚

有这样的时代，横亘千年，我们观星望月的先民，量度花开花落的先民，他们创造的历法，就是东亚共同的历法。而古代中国的节日体系附丽于东亚主体性的时间秩序之上，其文化影响力辐射开来，融入和根植于东亚各国特定的文化风土中，成为东亚地区共通的文化财富。

清 · 王致诚《清人习射图》局部
fotoe/供图

日本的鲤鱼旗

韩国江陵端午祭游艺活动——官奴假面具　fotoe/供图

你是否知道，直到今天，中国的端午节在世界上仍旧有巨大的影响。

建设我们国家自己的“文化力”，传统节日是极其重要的环节。

比如，一个把“射”放到古之君子的“六艺”之中的国家，难道不应当恢复自己端午竞射的文化习俗？

日本古代绘画中的雷神像

日本浮世绘中的鲤鱼旗

朝鲜李朝画家申润福所作《端午风情》

看过飘扬在日本列岛的鲤鱼旗吗？看过端午插在朝鲜半岛家家户户的艾蒿吗？看过额头上涂着雄黄的孩子在越南椰树下奔跑的情景吗？

苏州桃花坞古年画《张仙射犬》
fotoe/供图

编者的话

在经济全球化的时代，不同民族、不同地域文化生态的保护，与自然生态的保护具有同等重要的意义。对于当代中国来说，民族传统节日是亟待抢救保护的文化遗产。遗产不是历史的陈迹，而是一笔可贵的精神财富。中国在长期的历史发展过程中，逐渐形成了稳定的民族传统节日。这些节日既是传承民族文化传统的重要载体、凝聚社会群体的力量，也为展示个人才艺、表彰伦理道德、提高民族自信心提供了时机与途径。传统节日适应了人们定期精神调整的需要，通过祭祀、娱乐等民俗活动使民众得到休养，以积蓄未来生产生活的心理能量。它有效地协调着家庭关系与社会关系，同时，以其独有的内涵和魅力，为促进社会经济发展提供了重要契机。

以历史的眼光看，鸦片战争后，国人开始透过西方人的眼睛看世界；过去的一个世纪，在社会历史的变局中，民俗更受到强烈荡涤。尽管传统节日在某些形式上并未失去传承，其背后的文化观念和生活方式却已变得遥远。现在是重新确认民族固有价值观的时候了。具体到节日，首先意味着重新认识以中国古代历法为基础，天人相应、相合的时空观念。同时，传统节日作为一个综合体系，承载着民俗和历史的诸多内容。与人生通过仪式类似，节日是人们的社会时间的通过仪式，是民俗传统在时间上周期性出现，因此我们是利用传统节日不断地重温家庭与社会的文化历史，中国人的伦理感与历史感因此也显得浓厚与突出。

基于以上理解，我们策划了节日中国丛书，邀请来自国内高校和研究机构的民俗学者，对春节、清明、端午、七夕、中秋、重阳六大传统节日进行专门的探讨和全观的描述。

丛书注重叙述过程中知识的准确性，并融入各位作者在长期从事节日研究过程中获得的视野和深度，使之富于思想智慧：从节日的源流与文化内涵讲起，带读者领略节日饮食、节日仪式信仰、节日娱乐活动等民俗事象，阐释其所蕴含的文化意义；既涵盖仍存活民间的传统民俗活动，也通过历史文献重现传统节日的历史状貌，重视传统节日的古今关联，以及节日文化的地方差异。

丛书的写作目标则是雅俗共赏。作者们在大量占有历史文献的基础上，力求用精练、生动的现代语言进行表达，在细腻地讲述传统节日故事时，给广大读者提供有品位、有趣味的阅读。在各位作者、有关专家、专业图像机构和摄影师的协助下，丛书还萃取了能传达传统节俗特点和文化内涵的视觉材料，图文并茂，希望以节俗的伦理美、艺术美、生活美与读者的心灵产生共鸣。

如果我们的工作能使今天的读者对传统节日有了深入了解和明晰印象，那就是丛书的成功。我们期待着您的关注，更期待着我们共同享受、传承我们共同的民族节日。

萧　放

节日中国丛书编委

中国民俗学会副秘书长

2009年1月

目录

引子

屈原像

节分端午自难言，万古传闻为屈原。
堪笑楚江空渺渺，不能洗得直臣冤。

——唐 · 文秀《端午》

公元前278年（顷襄王二十一年）五月，楚国的汨罗江畔，徘徊着一位形容憔悴的诗人。他就是我国历史上著名的爱国诗人屈原。屈原是楚国贵族。他“明于治乱，娴于辞令”，曾经是楚怀王的重臣，历史记载说他“入则与王图议国事，出则接遇宾客，应对诸侯”。屈原有自己明确的政治主张，对内他为实行变法而奔走呼号，对外则提出联齐抗秦的主张。可是，才华横溢并深深热爱楚国的屈原，因为自己的政治见解遭到了楚国旧贵族保守势力的反对和仇视，不仅正确的主张得不到楚怀王的采纳，反而一度被放逐出楚国首都郢（yǐng）都。楚怀王武关会盟中计客死秦国后，接下来继位的楚顷襄王听信令尹子兰，对秦一味采取绥靖政策，屈原再次忠言进谏，却又遭逢被放逐的命运。二度放逐已经使诗人悲愤满腔。而就在这一年，秦国大将白起率领秦国的精锐军团攻陷了南方大国楚国的首都郢。眼见自己矢志尽忠的祖国直面沦丧的命运，屈原满怀一腔悲愤，怀石自沉于长沙东北的汨罗江中，结束了自己悲剧的一生，时年六十二岁。

屈原的死表现了他坚持理想、坚持高洁的品格至死不悔的精神，也是对楚国腐朽旧贵族统治集团的一种抗议。他以死明志，感动了古今千千万万的人们。传说当他投江的消息传来时，渔夫们纷纷划起船到江中去救他。这就是后世端午竞渡的起源。屈原以忠见谤，以信见疑，赋《离骚》而见志，投汨罗以殁身，其志可哀，其情可悯。后人为了纪念屈原，不仅每年五月五日赛龙舟，而且投粽子于湖中。人们常说，这就是端午吃粽子的起源。

屈原的作品不仅是中华民族的文化瑰宝，也是世界人民的共同精神财富，被翻译成各种文字在国外出版。屈原是我国最早的伟大爱国诗人，世界文化名人，一直受到人们的尊敬。他的影响不仅存在于中国，也存在于全世界。所以，纪念屈原的端午节，这一具有中国特色的传统节日不仅属于中国，同时也是世界非物质文化遗产的一部分。

又是引子

古镜中的月世界　fotoe/供图

五月符天数，五音调夏钧。
旧来传五日，无事不称神。
穴枕通灵气，长丝续命人。
四时花竞巧，九子粽争新。
方殿临华节，圆宫宴雅臣。
进对一言重，遒文六义陈。

股肱良足咏，风化可还淳。

——唐玄宗《端午三殿宴群臣探得神字》

这是中国历史上有名的风流皇帝唐玄宗写下的端午节诗句。有关唐玄宗时代的端午节，有一段有趣的故事传说。据说，大唐天宝三载(744年)，有人从扬州进贡了水心镜一面。这枚镜子“纵横九寸，青莹耀目。背有盘龙”。进贡镜子的官员李守泰说：当铸镜时，有一位自称“龙护”的老人，对铸镜工匠吕晖说：“我老人家懂得怎么铸造真龙镜。”于是进到了铸镜场。铸镜场门锁了三天，开门时却再也找不到这位老人，只是在火炉前留有一封信，上面写着：“盘龙盘龙，隐于镜中，分时有像，变化无穷。兴云吐雾，行雨生风。”吕晖于是把火炉移到长江江心，在五月五日午时铸成了这枚镜子。唐玄宗于是命令相关部门收藏好这枚镜子。天宝七载大旱不雨，唐玄宗召来著名道士叶法善祭祀这枚龙镜，结果盘龙的龙口突然出来了白气，须臾满殿都是，而外面则是甘雨如注。

这个传说太神奇了！一面镜子怎么会被赋予如此神奇的力量？为什么故事中强调这面宝镜铸造于五月五日午时？实际上，我们今天存世的汉代古镜上，经常都有“五月五日午时造”的铭文。为什么五月五日午时铸造的镜子这么神奇？这个看似神奇的故事，究竟缘何出现？你是否知道这些故事背后，潜藏着古人怎样的想法？

还是引子

日本天养元年（1144年）五月五日，京都。

“看不见！”

日本式的庭院中，头顶一块颜色古怪的布，一位武士着装的青年男子站在烈日下喊着。

“再用力看！”

屋檐下，另一位书生模样的青年男子不甘心地大声道。

"还是看不见！"

怎么会？怎么会看不见呢？书生模样的青年男子抓着头想也想不通。依照中国传来的古书《玉烛宝典》的记载，在五月五日那一天，取来蟾蜍的血涂满一尺见方的布，又完全不见日光地阴干它，到了下一个端午节顶着这块布，应当看见百鬼的，一切都是准确按照书上记载做的，怎么会看不见呢？

这位富于实践精神的日本人名字叫做藤原赖长，十六年后他死于一场武士发动的战乱。故事最后的结局，是赖长在他所著的《台记》中这段记载的最后写下的两个字——"无验"。

《玉烛宝典》的作者不会想到，他记下的这则浪漫的玄想，让这位对百鬼形状充满好奇的日本人白费了两年的心力，而这位日本人对中国文化抱有的近乎信仰的感情，由此也受到了极大的打击。有趣的是，《玉烛宝典》作者的这则玄想，正如本文所要论及的那样，并不完全出于随意的编造——古人有古人思考的方法，今天看来是否科学，是另一个层面的问题，能否理解这思考的方法，却和我们能否真正走进古代世界息息相关。

最后一个引子

韩国江陵端午祭

2005年11月21日，联合国教科文组织大会正式批准了四十三项

"世界口头和非物质文化遗产"。韩国的江陵端午祭赫然在内。1998年，联合国教科文组织（UNESCO）第二十九届大会制定了"人类口头及非物质遗产杰作宣言"。2001年，该组织公布了包括中国的昆曲在内的第一批"人类口头及非物质遗产杰作"。2003年，该组织通过了《保护非物质文化遗产公约》，这一公约被认为是与《保护世界文化和自然遗产公约》同等重要的文件。"世界口头和非物质文化遗产"是新制定的一项世界文化遗产保护制度。到2005年为止，已经批准的"世界口头和非物质文化遗产"共有九十项。韩国江陵端午祭，就是这九十项中的一项。

尽管韩国江陵端午祭和中国的端午节并不完全是一回事，但毕竟和中国的端午有着血脉联系。无论怎么说，古老的中国古代节日中，居然是端午第一个走进"世界口头和非物质文化遗产"的序列，并且是由韩国所申请的。在笔者看来，这是端午的光荣，也是中国古代节日文化的光荣。同时这也是对中国人的一个提醒，提醒我们该注重自己的节日文化传统。

开笔写了有关端午的几段故事，有的大家很熟悉，比如纪念屈原，有的大家可能知道，比如水心镜传说，有的可能大家都不知道，比如赖长的科学试验。但是，它们都是古代端午节日生活的历史记载。看过这几段文字我们要问，五月何以"符天数"？五音如何"调夏钧"？我们今天存世的汉代古镜上，为什么五月五日午时铸造的镜子这么多？铸镜最好的场所为什么又一定是长江之上？其实其他的记载中同样包含着很多问题。比如，端午节为什么和屈原传说结合到一起？古人为什么会有这样的想法，会认为五月五日取蟾蜍血涂一尺之布阴干，着之可以见百鬼？端午在韩国怎么会和山神祭祀结合起来？要真正了解端午节，就要直接面对这些问题。这些问题也曾经长期困扰过笔者。所以，今天笔者的工作就是做一个好向导，带领读者们走进历史迷宫，为这些问题找到真正的答案。

壹、关注我们的端午

（一）了解端午

端午节是中国古代节日体系中最重要的传统节日之一。尚秉和先生在《历代社会风俗事物考》中指出，在清朝，端午节是一年之中最重要的三个节日之一，和中秋、岁首并称三节。在当代中国人的节日生活中，端午节是中国人生活中广泛流行的、最为老百姓熟悉的节日之一，地位非常重要。端午也是对中国周边地区有很大影响的节日。在日本，端午节是日本的男儿节。端午前半个月左右，日本各地都会看到许多家有男孩的家庭挂出的一面面鲤鱼旗。在越南，端午非常受重视。越南人在这一天采药、驱虫、饮雄黄酒。而韩国的端午习俗，大概是读者知道得最多的，因为韩国江陵端午祭2005年成功申请了世界文化遗产而为世人瞩目。

端午是有悠久的历史、丰富的民俗传承和深远历史影响的节日。单就名称而言，端午节就有天中节、端阳、重五、重午、夏节、龙舟节、粽子节、蒲节、女儿节、五月节、诗人节等多种叫法。而所有这些对于端午节的称谓，当然都有它的缘由。就起源而言，除了我们耳熟能详的起源于纪念屈原的说法外、此外还有曹娥、伍子胥、越王勾践的传说，

民间刺绣坐垫上的五毒图案

老虎肚兜、五毒衣　图文天下/供图

还有现代人闻一多先生提出端午为吴越民族祭祀龙图腾说、黄石先生的端午源于上古逐疫说、今人陈久今先生提出古代越人新年说等等。说到节俗，就更为丰富。古人在端午日炼剑、炼镜、采药、制药、晒药，在端午节用兰汤沐浴、饮雄黄酒、菖蒲酒、艾酒，在端午节插艾叶、挂雄黄袋、焚避瘟丹，在端午节制艾人、艾虎、蒲人、蒲葫芦为饰， 置蒲剑、蓬鞭、蒜拳、桃枝于床边，在端午节挂虎饰、穿老虎肚兜，穿五毒衣、系五色丝、戴五色花纸，在门前系朱索、贴五毒符、张贴张天师像、钟馗像，还有采用钉赤口等方法避毒与禳辟，此外还有斗百草、斗力、厮打、拔河、决射、龙舟、打石头仗等等节俗活动。这些节俗放到一起，足以让想了解端午节历史的读者产生眼花缭乱的感觉。所以，要对于这个节日做一次历史的巡礼，并不是一件容易的事情。

（二）本书的主要内容

本书主要由三部分组成。第一，是讨论端午的起源，可以简称为“起源论”；第二，是讨论端午的节俗，可以简称之“节俗论”；第三，是对于端午的一个多侧面的考察，可以简称为“端午面面观”。

“起源论”主要讨论端午节的起源。

我们首先从“端午”这一名字出发来展开讨论。拥有众多的名称，是端午节的一个突出特点。为什么在众多的称呼中，“端午节”这个名字最后成了大家共同采用的名字？隐藏在不同称呼背后的节俗和文化之间存在着怎样的联系和差异？这是我们首先想要说清楚的。

端午的起源，一直就是研究中国古代节日的学者们争讼不休的一个问题。本书作者并不奢望自己能为这个争论找到一个唯一的结论。我的做法是努力把端午节的起源问题放到中国古代的时间体系中，进行一次综合性考察。这样做的理由，首先是因为离开了夏历五月份这一特殊的时间带，我们就没有办法说明端午节所拥有的节日特征。其次是我们认为端午节是一个复合型节日，在形成过程中，它实际上集中国古代时间体系中五月时间段的众多特征于一身。我们认为，那种渴望用某一单独要素来对端午节起源加以解释的研究方法，不一定完全适合端午节这样的复合型节日的研究。端午节自身所具备的多重特征，决定我们要从复合型节日这一角度对于端午节的起源做出多侧面的讨论。

第二部分"节俗论"，实际上是第一部分起源论相关观点的具体展开。端午节起源早，节俗丰富，并且有其节俗形成的历史。"节俗论"首先对这一历史做了简要的概括。我们认为，端午节起源于先民对于中国古代时间体系中五月的特殊地位的认识，定型于两汉到南北朝时代，发展于唐宋时代，变化于元明清时代。伸展到当代中国社会，端午节又有了许多新的发展。在这一部分，本书分类对端午节俗做了介绍。这里的分类，是基于第一部分的"复合型节日"的观点，是第一部分内容在节俗领域的具体展开。在这一部分内容中，我们将从铸器造镜到采药、制药，包括竞渡在内的围绕端午的斗与争习俗，以及禳（ráng）辟与避邪等几个方面对端午的节俗做一个简略的介绍。

本书第三部分，是从不同侧面来对端午节进行的一个考察。它主要包括了端午与宗教信仰、端午节文化对东亚各国的影响、端午节与现代社会等几个方面。在端午节与宗教一节中，将对端午与佛教、道教以及其他民间宗教的关系进行考察。产生于中国本土的道家思想，以顺应自然为宗旨，以阴阳五行为基本思维方式，与端午节节俗的形成，在很大程度上是相互重合的。两者拥有共同的思维方式，所以有时端午的相关节俗行事规则，同时也为道教信仰者所遵循。并且，两者之间还存在互相影响的关系。一方面表现在端午的节俗中的有机部分，被道教有意识地吸收；另一方面，大量的道教文化因素也被广泛地吸纳进端午节俗中，成了端午节俗的组成部分。这方面最为典型的事例，就是"张天师收治五毒"的传说。历史上，随着中国古代历法渐次为周边国家所采用，中国古代的节日，对于东亚地区有普遍的影响。有鉴于此，在此我们还就端午习俗对于日本、韩国、越南的影响做了一个概述。本书的最后一章，是讨论在当代中国社会，端午节作为民族文化符号的存在意义与节日文化的发展方向。

总而言之，在这本书中，我们将与读者共同追溯端午节如何产生、如何演进。中国的文化，是我们古代先民筚路蓝缕创造出来的。今天多姿多彩、变幻缤纷的节俗文化，并非由某一时代一蹴而就形成的，而是有一个产生发展的过程。端午节作为中国古代文化的重要组成部分，同样经历了一个从无到有、从简单到繁复的演进过程。我们还将和读者共同探索端午节俗深层潜含的共通性逻辑思路。正如我们今天追求科学地安排自己的时间和生活一样，古人安排自己的时间和生活时，一样有自己的逻辑思路。了解了古人思考问题的方式，今天端午节看似混乱的节俗、传说，就会展示出自己固有的鲜明的秩序。我们还将和读者共同欣赏端午节的丰富多彩的节俗文化，那将让我们不得不惊叹我们的祖先伟大的文化创造精神。可以说，今天我们中国人能够拥有自己独特的文化生活，能够自立于世界文化之林，所依靠的正是这种伟大的文化创造精神。我们还将和读者共同讨论端午节的现在和将来。因为继承我们民族优秀的文化传统并发扬光大之，是我们共同肩负的文化使命。

贰、端午正名

（一）说端说午

孔子曰“必也正名”。端午是中国传统节日中地位最重要的节日之一。在四、五、六三个夏季月中，端午处于一个最核心的节日地位。在某种意义上，它甚至与春节有内在的遥相呼应的对应关系。这一点只要看古代占卜一年丰歉的两个重要时期，一个集中于春节，一个集中于端午，就很清楚了。和端午节的重要地位相对应的，是端午节存在多层面的极为丰富的传统节日习俗。这些习俗我们后面会逐一加以详细的叙述。这里仅从端午的节日称谓这一角度，来对端午节日文化的丰富性和节俗特征做一下考察。

正如前面谈到的那样，古代传统节日中再没有像端午这样拥有众多称谓的节日。就名称而言，端午节以端字打头的就有端阳、端五、端节等称谓。以端午节的时间特征为标志的称谓有五月五日、午月午日、重五、重午、五月节、天中节等。以端午节的节俗特征为标志的称谓，有

这是一幅表现古代日本用石头战的胜负来确定一年丰收与否的图画。这一风俗源于中国，并曾风行东亚。

龙舟节、粽子节、诗人节、浴兰节、女儿节等叫法。此外还有地蜡等称谓。在端午的每一个名字后面，都一定有一段传说、一段故事、一种观念，所以，考察一下这样众多的称谓的来源，对于我们了解端午节，是很有必要的。限于篇幅，这里主要围绕“端午”之名为中心展开讨论，至于端午的其他名称，我们留到以后的篇章中再做适当介绍。

说端午节的称谓，首先当然得说“端”、说“午”。

1. 说“端”

日常生活中我们常说“端正”，端午的“端”，首先就有“正”的意思。据说称“正”为“端”与古代讲究避讳有关。古人讲究为尊者讳。大名鼎鼎的秦始皇姓“嬴”名“政”，“政”与“正”同音，“正”也在避讳范围之内，所以正月当时就被改称为“端月”，《史记》的《秦楚之际月表》中的正月写作“端月”，就是受到秦制的影响。再如阴历正月初一称“端日”，宫殿的正门称“端门”，现代汉语中常用的“端楷”、“端坐”、“品行不端”等等，其中的“端”字都是“正”的意思。当然，“端”很早就有“正”的含义。《礼记·祭义》说：“以端其位。”这个“端”就做“正”字解。“端”还有开始的意思。《左传·文公元年》中有“履端”之语，《正义》解释为“四始”，也就是年之始，月之始，日之始，时之始。这里的“端”就是“始”，也就是开始。

2. 说“午”

端午的这个“午”字不简单。因为在这个“午”字身上，古人为它赋予了一大堆重要的属性。比如，午是十二地支中的一个，午马未羊，午在十二地支中代表马。金木水火土，午在五行中属火。赤青黄黑白，午在五色中属赤。东南西北中，午在方位上属南。乾坤震兑坎离艮巽，午在八卦中属离卦。阴历一年中从一月到十二月，午在其中属五月。古人分一日为十二时辰，正午十一时至十三时之间为午时。了解午的这么多属性，对了解端午很重要。中国古人长期以阴阳五行的变化来解释世界，“午”的不同属性，与端午节的节俗变化有着深致的联系，这我们后面要详细提到。

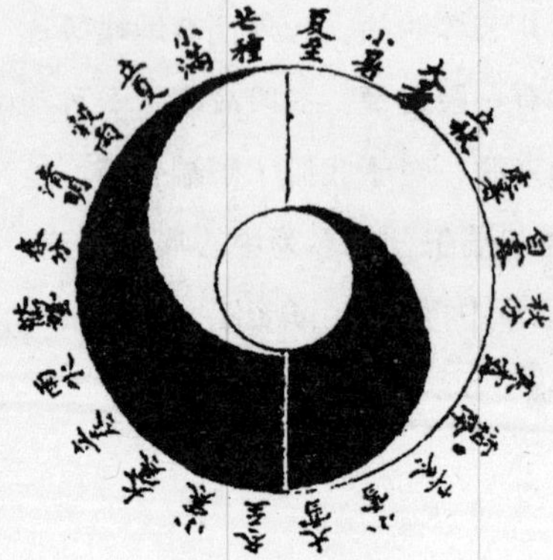

一年气象

3. 说“端午”

我们今天说“端午”，基本上指的就是农历五月五日。问题是“端午”这个词，和我们今天所说的五月端午之间，是否具备唯一的所指关系呢？

有一种观点认为不是这样的。他们认为，举凡月之五日，皆可称端午。宋人洪迈《容斋随笔》卷一云：

> 唐玄宗以八月五日生，以其日为“千秋节”。张说上《大衍历》，序云：“谨以开元十六年八月端午，赤光照室之夜献之。”《唐类表》有宋璟请以八月五日为千秋节表云：“月惟中秋，日在端午。”然则凡月之五日，皆可称端午也。

关于端午，过去有很多学者做过研究。在本书写作之前，有一位黄石先生，是民俗学界公认的硕学之士。他曾写过一本《端午礼俗史》，是端午的所有研究中做得最出色的，也是本书写作过程中参考最多的。黄石先生对洪迈的观点也持赞同的态度。在他看来，张说、宋璟皆唐代有名的文人，所言自有所出。黄石先生对这个问题专门做过考辩，他最后得出的结论是：“端午非五月五日的专称，不论那一个月的初五，都可通用，是信而有征了。唐以后便鲜有此例。由此可以推知五月节独擅端午之名，是唐以后的事。”[1]

黄石先生的这种说法对不对呢？我认为这一段话只说对了后一半，那就是唐以后端午成为了五月节的专名。还有一半，也就是说唐以前“不论那一个月的初五，都可通用”这种观点却是可以商榷的。因为端午用于非五月五日，而是用于其他月份的初五，在唐以前也鲜有此例。我们今天查考史书，很容易证明端午用于其他月份的事情，在唐玄宗千秋节前鲜有其例。而即便在唐代，除了唐玄宗的千秋节，用端午指称其他月份的初五日，此后也只有唐德宗时代一件。王楙(máo)《野客丛书》记云：“仆观《续世说》齐映为江西观察使，因德宗诞日端午，为银瓶高八尺以献，是亦有端午之说。”至于唐以后，这样的例子同样非常少见。

那么为什么在唐代，会出现用端午指称其他月份的初五呢?这实在与唐玄宗一朝的特殊政治情况有关。岁时到了唐代，已经进入人为地创造佳节良辰的阶段。唐代创造的一个重要的节日就是“千秋节”。所谓“千秋节”，其实就是唐玄宗的生日，此节立意在颂玄宗其人久寿，故为节取名曰千秋，意为祝愿唐玄宗能活千年，这与“文革”时期的“万岁”、“万万岁”是一样的意思。但是，真要人为创造一个节日，并不是一件容易的事情。在哪里找到突破口，来设计一套相关节俗呢？考虑这个问题时，玄宗的生日八月五日这个日子成了当时文人们瞩目的要点，这个日子和端午一样日期都在初五，所以善颂善祷的张说等文人就直接挪用起端午节的资源。八月初五被称为“端午”，就是这种直接挪用的结果。千秋节借用端午节文化的迹象非常明显，不仅端午的名字被挪用，还有诸如像端午配香囊等习俗也被挪用过来。因此也许可以说，以端午称谓其他月份的初五，是唐代玄宗朝开的变例。历史上除了唐德宗时有所效颦，其他月份称端午并不常见，基本可以看成是一种特例，而不是通用的知识。

接下来的问题是，“端”如何与“午”联在一起，成为了这个五月最重要节日的称谓呢？

"端午"一词什么时候开始出现？一种观点认为，"端午"的叫法最早见于西晋周处《风土记》中。《初学记》引周处《风土记》云"仲夏端午"，注云："端，始也，谓五月五日。"这里的端午就是指五月五日。但这里的"端午"，很可能是后人对前代书籍引用时做出的改动。隋人杜公瞻《玉烛宝典》引《风土记》，即云："仲夏端五"，注云："端，始也。谓五月初五日也。"《太平御览》引用《风土记》，"午"亦为"五"，其云："仲夏端五，端，初也。俗重五日，与夏至同。"所以，《初学记》的引文，很可能出于引者有意的改动。大量出现"端午"的叫法，是在唐代。这是黄石先生讲过的。有关这一点，杨琳《端午节》一文也有很可信的考辩。[2]

（二）"端五"与"五月五日"

1. "端五"

《初学记》引文的改动是有意的，"端五"是早期对于端午节的另一个叫法。实际上很多人认为，"端五"这一称谓才是端午节正确的称谓。

确实，"端五"的叫法很早就有，并且逻辑上这是一个照理应比端午更合理的名字。吕元明《岁时杂记》云："京师以五月一日为端一，二日为端二，三日为端三，四日为端四"，按照这一顺序，称五月五日为"端五"是理所应当的。关于端午应为端五，古人书中有过辨证。王楙《野客丛书》引唐李匡文说云："端，始也。谓五月初五也。今人多书午字，其意无取焉。余家元和中诏书，并无作午。"陆凤藻《小知录》引宋人张表臣《珊瑚钩诗话》云："端五之号，同于重九，世以五字为午，误。"从元和年间的诏书上明书"端五"来看，历史上应当有过称端午为端五的阶段。不过，这个名字使用的时间并不久远，今天影响也远没有"端午"那么普遍。因为到今天，我们还是习惯称五月节为"端午"，而很少使用"端五"的叫法。最后选择"端午"的"午"字，是因为这个字中蕴含着重要的意义。

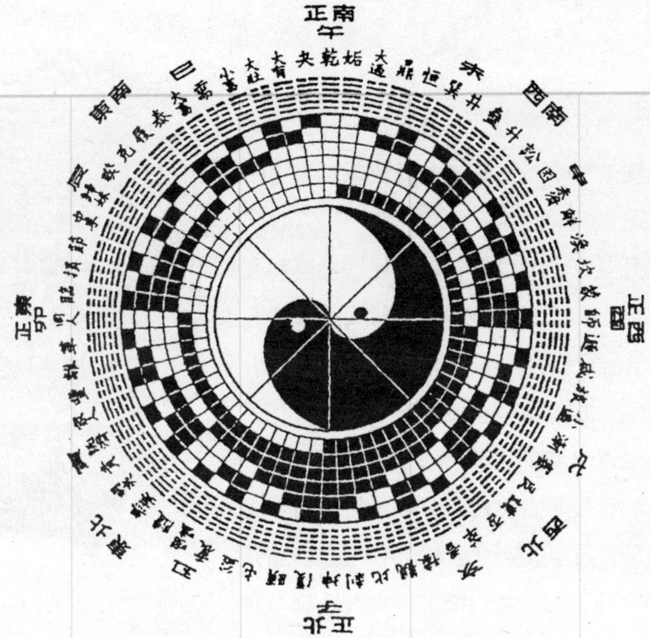

伏羲太极六十四卦时刻方位图（李仕徵《叙说八卦太极图》）

2. “五月五日”

端午还有一个更直接的称谓，就是“五月五日”。这是端午节一个更早更为平凡的叫法。崔寔(shí)的《四民月令》、应劭的《风俗通义》、范晔的《后汉书》、司马彪的《礼仪志》以及宗懔的《荆楚岁时记》中关于端午节俗的记载，就全都直书“五月五口”。

中国古代岁时节日中，存在着一个由正月一日、三月三日、五月五日、七月七日、九月九日结构而成的一个特殊重数节日序列。这一序列定型基本上是在汉末到两晋之间。但这一序列之中的五月五日，却是一个急先锋，出现得非常之早，在战国时期已见端倪。《史记·孟尝君列传》记孟尝君故事即是如此。此俗后代犹存，葛洪《西京杂记》记汉王凤事、《太平御览》引《世说新语》、殷芸《小说》都记有胡广事，可为佐证。我们不妨就以胡广之事为例。据说有一个叫做胡广的人，本姓黄，因为是五月五日生的，所以父母恶之，被投于江。后来被人抚养成人，当了大官。亲生父母和养父母两家争之，胡广立身两难，干脆姓了葫芦的“胡”。

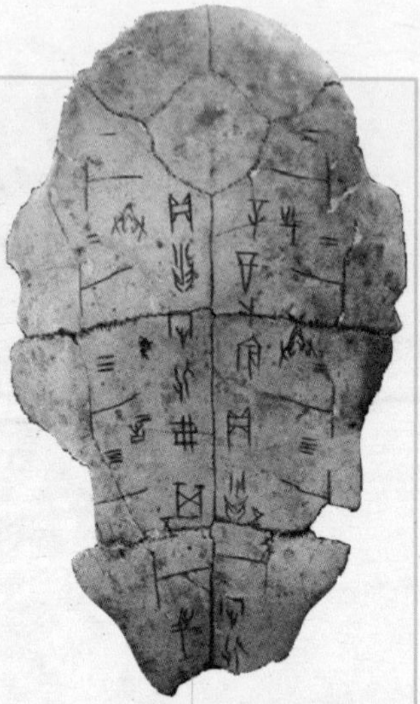

甲骨文，中国古代最早的文字。从这个时代开始，我们的先民已经认识了夏至和冬至。

重数节日序列中，五月五日为什么会是最早出现的一个？这是一个需要认真思考的问题。

五月五日之所以很早就出现，应当和古人有关数字“五”的神秘认识、与战国时期五行思想的流行有关。首先，“五”在古代文化中是非常重要的。“五”起源很早，方位上，“五”是中，是在认识四方后形成的中央的观念。十是我们计数时进位的一个基本数，而十成为我们今天数字进位的基本数并不是偶然的。专门研究数字的学者们指出，古人计数当如我们幼年，最早使用的应当不是筹而是手指。双手和十，一掌为五，这很容易令古人产生五为十的基数这样的观念。既然十生于五，五是基数，那么五自然就被看成有某种神秘的属性并且和人有密切关系的数字。

其次，“五”这个数字被重视，更为重要的，是由于五行思想的出现。古代的五行思想认为世界由金木水火土五种元素构成，这五种日常生活中习见的物质，被认为是万物的本源，五行循环，化生世界万物。顾颉刚说，五行思想是“中国人的思想律，是中国人对宇宙系统的信仰”。一位美国汉学家爱伯哈德说：“在一本《中文大字典》中，列有‘五’的十二种含义。一千一百四十八种用法，其中大约有一千种直接与‘五行’相关。”[3]五行思想一旦广泛流传，数字“五”在中国古代文化中的地位，便自然得到空前的提高。许慎《说文》直释“五，五行也”，而一年之中唯一一次的月份的五和日数的五相重合的日子，由此获得了某种神圣的意义，这是完全可以理解的。后代的五月端午节俗中，举凡缠在粽子上的“五色丝”、系臂的“五色线”、赐大臣用的“五彩长寿丝缕”，究其根本，都与端午节的“五五相重”这一数字有关。

从“五月五日”这一称谓中，还衍生出端午节的另一个称谓，这就是“重五”。盖取义于五月五日五五相重，这和重阳节称为“重阳”是一样的。我以为，“端五”的称谓就源于“五月五日”。正因为五月五日五五相重，是“五”的正日，所以名之为“端五”。

(三) 关注“端午”称谓的背后

矛盾在于，既是五月五日，又有“端五”之称，何以后来端午节反而以“午”称之?“五”与“午”小小的一字之差，其间关系意义重大，这里不得不多说几句。

按节日大多起源于上古，其时以甲子干支纪年纪日。所以祭祀的日期，一般按照干支次序确定。这在后来更多地在礼仪祭祀活动中仍然有保存。看一下《大唐开元礼》，相关的例子就有很多。这一习惯在节日习俗中也可以看到。比如上巳节，就是取三月的第一个巳日。古代一年节日之中，有依据时序为节期的，如立春、寒食、夏至、冬至等。有按照干支确定祭祀日期的，如春秋社，春分和秋分后的五戊。三伏，则以夏至后第三个庚日为初伏，以后每隔一庚为一伏。蜡祭在冬至后第三个戌日。这些都是以干支日纪而异其时日。所以端午用五月的第一个午日，在很多人看来才是最正确的。清人赵翼《陔余丛考》论上古五月择日多用午日云：

> 古时端午亦用五月内第一午日。《后汉书·郎颉(yǐ)传》以五月丙午遣太尉。又《论衡》曰：五月丙午日日中之时铸阳燧。是午节宜用午日或丙日。后世专用五日，亦误。按《周官》：“涿壶氏午贯象齿”，郑玄注“午，故书为五”。然则午五本通用。唐明皇八月五日生，宋璟表云：“月惟中秋，日在端午”，犹以午为五也。后世以五月五日为午节，盖午五相通之误。

这里赵翼强调的是“午”的重要性。实际上端午节使用“午”字，除了按照干支次序确定祭日的传统外，还与阴阳五行体系中有关五月阴阳变化的思想观念有很深的联系。许慎《说文解字》释“午”云：“啎(wǔ)也。五月阴气午逆阳冒地而出。”五月即午月，午为阳为火，五月夏至这一天是阳气至极，此后阴气生出，并会日强一日。受阴阳五行思想的影响，古人人为地把五月(午月)的“午”日设定为五月的阴阳转换的关节点。这一设定实际上往往脱离了自然的夏至日。但正是因为认定五月“午日”是阴阳转换的转折点，古人才选择五月（午月）午日午时，来铸剑、炼镜，选择五月端午午时之前采药。因为这些活动，为的都是取其至极之阳气。也就是说，端午节的“午”，就是承继了“五月(午月)午日”的“重午”称谓中“午”的主要部分——以五月的阴阳变化的自然转换点为核心的节俗内容。

正因如此，尽管后来在汉末六朝之间，中国古代节日体系出现了整合，形成了一月一日、三月三日、五月五日、七月七日、九月九日这一重数节日序列，端午节也固定到五月五日这一天，但人们仍旧称五月五日为“端午节”。我们今天的“端午节”称谓最流行的之所以不是“端五”，也不是“五月五”，原因就在这里。“端五”与“端午”的一字之差，就是这一侧重点的直接反映。端午节是中国古代发源久远、节俗众多的大节日。在中国古代传统节日中，再没有像端午节这样有如此众多名称的节日。并且正如我们前面讲过的，这每一个称谓后面，都有自己的起源，有相关的故事和内在理念。但是，在如此众多的称谓中，最后被定型下来的，不是别的名字，而是“端午”这个名称，这一事实实际上传达给了我们一个非常重要的信息——端午节的核心，乃是五月的夏至，是五月岁时时间中阴阳间发生的关键性转换。

为了更好地了解这一点，现在，我们不妨把镜头放得更远一些，从中国古代的时间体系这一角度，来对端午节进行一次考察。

【注】

1 黄石《端午礼俗考》，鼎文书局1979年版，第3页。

2 参见杨琳《中国传统节日文化》，宗教文化出版社2000年版，第243页。

3 叶舒宪、田大宪《中国古代神秘数字》，社会科学文献出版社1998年版，第80页。

叁、端午与中国古代时间体系

前引唐玄宗《端午三殿宴群臣探得神字》一诗中写道："五月符天数，五音调夏钧。旧来传五日，无事不称神。"这段诗说的是什么并不容易说清楚，五日何以"无事不称神"要说清楚就很难。《周易·系辞》曰："大衍之数五十，其用四十有九。分而为二以象两，挂一以象三，揲(dié)之以四以象四时，归奇于扐(lè)以象闰，五岁再闰，故再扐而后挂。天一地二，天三地四，天五地六，天七地八，天九地十。天数五，地数五，五位相得而各有合。天数二十有五，地数三十，凡天地之数五十有五。此所以成变化而行鬼神也。"《周易》对中国古代文化有极深的影响。天数五，地数五，天地之数五十五，五这个数字有如此神秘的意义。明白这一点，就知道了五月和五月的五日被看成是与某种超越现实的神秘力量相联系的日子。

在层面纷繁众多的俗文化背后，我们经常能够看到象与数的存在。本章将从中国古代的时间体系入手，来考察一下端午节产生的历史背景。我们首先要介绍一下中国古代时间体系的形成过程，再考察一下五月在这一时间体系中的位置。最后再介绍一下古人有关的思维方式。对于考察端午节俗的起源，这些都是必要的基础知识。

(一) 中国古代的时间体系

要理解端午节的起源及其节俗的发展演进，首先要对中国古代的时间体系有所了解。

时间体系在古代是高度科学和文明的象征之一。对于时间，人类历史上各民族都有一个认识过程。马王堆汉墓帛书《十六经·顺道》记载，黄帝曾问大臣力黑：大堇(庭)氏统治天下的时候，“不辨阴阳，不数日月，不志四时”，那么他们是怎么生活的呢？这是一个非常值得思考的问题。

古代人认识世界有一个逐渐进步的过程。辨阴阳，数日月，志四时，都是经过长期文化积累才形成的智慧结晶。作为历史人物的黄帝是否存在过，是学术界直到今天仍然有争论的问题，这里不做过多讨论。但先民这种“不辨阴阳，不数日月，不志四时”的生活阶段的存在却是可以推而证之的。比如在我们周边国家的日本，就曾经存在过相近的情况。《晋书·倭人传》称日本“不知正岁四节，但计秋收之时，以为年纪”，《梁书·倭传》也称日本“俗不知正岁”。这种情况在日本和大陆交通、中国古代历法传入后，才有了根本的改变。翻开《隋书》可以看到，那时的日本“每至正月一日，必射戏饮酒，其余节略与华同”，已经和我们大陆共有同样的时间体系了。

物理学的太阳和地球、月球的旋转，带来大自然四季的变化。这一变化有一个漫长的过程。在这一过程中，出现了适合人类生存的环境，并出现了人类社会。人类为了生存，很自然地会一步步认识自然的变化，并有意识地利用自然的变化，使其为我所用。在时间领域内，这表现为人们逐渐认识到太阳和地球、月球的运转规律。历法的产生，是对自然内在规律的深入，也是人类最早的文化积累的一部分，它具有丰富的人文内容。因此，产生于世界各地的历法，从来都是既是关于自己周边自然的知识，也是关于当地人文与文化的知识。

原始人最早的生活方式之一是狩猎和采集生活。狩猎生活和自然的变化关系密切。比如，拥有相应的日月升降以及星座知识后，在密林中可以通过日月星辰确认方向，在掌握自然界的季节变化和被猎鸟兽之间的联系后，可以更合理地安排一年的狩猎生活，保证自己能捕获更多的猎物。即便在从狩猎动物向畜养动物的转变中，自然的时间循环也仍旧是重要的知识，因为把握了这些知识有助于认识动物的交配周期、生育周期等。对采集生活而言，不同的季节，不同的时期，他们所采集的植物根、茎、叶、果的质量和数量是不断发生变化的。积累了相应的知识可以为他们维持自己的生活带来更多的保障。从狩猎采集生活进化到农耕生活，更是历法演进的重要契机。春种秋收，农耕的生产方式要求能够对自然的变化有更多的认识。因为不同的植物有不同的栽培和生长周期，因此农耕生产的发展中，也不断地积累着更多的知识。我国古代先民就是不断在为了维持自己的生命和延续后代而努力的过程中，开始慢慢读懂天地这本大书的。自然的物理的时间是一个单向的循环变化过程，随着古人对于一年一年春夏秋冬四季循环往复变化的深入认识，于是开始逐渐形成了对春秋、四季、年、月、日、时的认识，即给予一年的时间变化定下了年、月、日、时等各种层次的刻度，我们今天习以为常每天使用的历法于是产生。中国古代的历法，就是我们先民人为地区划自然时间的结果。它是古代人民对于自然变化认识的结晶，也是文化发展的结晶。

这当然是一个不断积累进步的过程。这一过程在我们的语言中也留下许多历史的痕迹。我们今天习惯说春夏秋冬，但古籍中却存在大量的“春秋冬夏”的说法。于省吾先生认为，这正是我们先民最早认识四季变化的痕迹。因为我们先民最早认识的是春秋，所以尽管后来冬和夏的观念已经形成，但长期春秋合用的旧习作祟，使上古先民开口还是春秋，并用以代称四季，然后才加上冬夏。这就是“春秋冬夏”并不符合四季循环的规律，但却大量存在于先秦典籍之中的缘故。而冬夏两季之中，我们先民更早认识的，可能是夏季。古籍中有“三时”的说法，历代注释都解释说：“三时，谓春夏秋”，这是三个农忙的时节。按照《左传·桓公六年》的说法，是“三时不害”才能“民和年丰”，这三个季节和农耕时代人们的物质生产有着重大的关系。在时间上，准确划分春夏秋冬四季一般认为已经是西周时代的事情。

历法的出现是文明高度发展的一个重要的标志。《史记》讲到黄帝

“迎日推荚”，推知“日月望朔”，并命容成作历。尽管上古洪荒，许多问题茫不可考，但参照典籍和考古学的知识，我们大体可以推断在夏代已经有一定的历法架构。而到了殷商时代，我们已经有了基本由年月日构成的历法体系。殷代历法分大小月，大月三十日，小月二十九日，每十日为一旬。这在甲骨文研究中都已经有了非常扎实的证明，是科学的、可信的知识。发展到战国秦汉，这个时间体系已经非常完备地定型下来。

在战国秦汉时期定型的时间体系，是一个天地人神一体化的世界。它综合了当时的天文、地理、人文等多方面的知识，在世界文化的发展历史上也非常具有自己特点，有很多可圈可点的地方。

先说天。

顾炎武说，上古之人，皆识天文。那是因为中国古人那个时代的星空，整个就是一座最宏伟最壮丽的标示时间的大钟。在中国古代的时间体系中，不仅日升日落、月圆月缺成了时间转换的标志，我们头顶璀璨的星空，也被当成了一座巨大的时钟。这座时钟的中心点，是北极星，它的巨大的表针，就是北斗七星的勺柄。北斗七星“旋玑玉衡，以齐七政”。《史记·天官书》称：“斗为帝车，运于中央，临制四乡。分阴阳，建四时，均五行，移节度，定诸纪，皆系于斗。”

至于北斗七星具体怎样“分阴阳，建四时”，《淮南子·时则》有很

汉画像石中的北斗星君画。在古代人的世界里，北斗七星就是时间循环神秘的表针。它的旋转决定着一年四季自然界的变化。

青龙、朱雀、白虎、玄武，汉代瓦当中的四神。它们还分别代表四个由七颗星组成的星区，环绕在北极星与北斗七星周围，一如钟表的刻度。

明确的记载，指出孟春招摇指寅，仲春指卯，季春指辰，孟夏指巳，仲夏指午，季夏指未，孟秋指申，仲秋指酉，季秋指戌，孟冬指亥，仲冬指子，季冬指丑。《晋书·天文志》也记载说："北斗者，七政之枢机，阴阳之元本也。故运乎天中，而临制四方，以建四时，而均五行也。"

以北极星为核心，以我们头顶的北斗七星为指针，浩瀚广袤的星空，就这么被看成了一座巨大时钟的表盘。我们不能不惊叹，惊叹我们的先人有怎样伟大的创造力和想象力！

天上的星星千万颗，为了给表盘安装上刻度，我们的先民又把星空划分成了东西南北四个星区，又分别在每个星区选择了七颗星作为代表，它们是：

东宫苍龙七宿：角亢氐房心尾箕

南宫朱雀七宿：井鬼柳星张翼轸

西宫白虎七宿：奎娄胃昴毕觜参

北宫玄武七宿：斗牛女虚危室壁

四七二十八，这就是大家都知道的二十八星宿。二十八座星宿围绕在北斗七星周围。星回斗转，四个星区的星星由此都成了时间的刻度。

再说地。

除了天象，人所生活的自然世界也成为古人认识时间的重要参照物。《逸周书·时训》记载了这一体系，这就是七十二候。候是征候。是大地在一年之中的变化。古人经过对周围自然环境变化的认真观察，总结出了一整套和四季变化直接关联的物候知识。这一套物候知识按照二十四节气的顺序排列，每个节气分别配以三种物候，这就是有名的七十二候。七十二候源于黄河流域，是通过植物的幼芽萌动、开花、结实，动物的始振、始鸣、交配、迁徙，及气象的始冻、解冻、雷始发声等变化，对于一整年时间变化的概括认识。以春天为例，二十四节气中春天有立春、雨水、惊蛰、春分、清明、谷雨六个节气。立春三候，分别是“东风解冻”、“蛰虫始振”、“鱼上冰”。雨水三候，分别是“獭祭鱼”、“鸿雁来”、“草木萌动”。惊蛰三候，分别是“桃始华”、“仓庚鸣”、“鹰化为鸠”。春分三候，分别是“玄鸟至”、“雷乃发声”、“始电”。清明三候，分别是“桐始华”、“田鼠化为鴽”、“虹始见”。谷雨三候，分别是“萍始生”、“鸣鸠拂其尾”、“戴胜降于桑”。这里面包含了一些古人对于自然变化的神话性的理解，比如“獭祭鱼”、“鹰化为鸠”、“田鼠化为鴽”等；但很明显更多的，像“东风吹”的风、“鸿雁来”的候鸟鸿雁、春天盛开的桃花和桐花、燕子、雷电、虹霓，都是近取诸物，是对于春天自然各种变化的直接观察。依靠天象的变化和自然物候的演化，古人已经可以给予自己的时间做出一个非常详细的划分。

最后说人。

古人以天、地、人为三才。自然的时间变化当然也直接与人相关。所以在中国古人的时间体系中，人理所当然不能自外于时间之外。因为中国古代时间体系的特点，一个是空间进入时间，还有一个就是人伦进入时间。而中国古人所理解的人与时间的关系，借用《论语》的一句话表述，是“允执其中”，也就是要应时而动，按照天(季节)的循环安排人的时间。据说这一认识早在尧舜时代已经如此。《论语·尧曰》云：“尧曰：‘咨，尔舜，天之历数在尔躬，允执其中。四海困

像鸿雁这样一年一度南来北往的候鸟，它们一年中的迁徙，自然成为古人判断季节变化的标志。　齐欣/摄　fotoe/供图

穷，天禄永终。’舜亦以命禹。”“允执其中”的“中”，就是“中”的思想，是古代中国文化的最核心的观念。《礼记·月令》保存了一整套按照“允执其中”的理想安排的时间作息表。它规定帝王在某一季节应当住在什么方位，穿什么颜色的衣服，举行哪些活动，并且记载说，如果违反时令，会带来许多问题。比如，季秋行夏令，国家会发大水，冬天贮藏的物品也会腐坏，老百姓中会有许多人患上鼻塞的毛病；季秋如果行冬令，国家会出现很多盗贼，边境会不安宁，疆土会被侵凌；季秋行春令，会使暖风早吹，民众懈怠不肯劳作，并且战事连绵。之所以会如此，按照古人的思路解释，那是因为人禀阴阳二气，利用五行六府，因此也是时间体系的一部分。[1]所以人的行为，也应当处处按照自然的节律举动。因为天人感应，天人相通，人的行为，和时间体系息息相关，直接联系。

不理解这样的思路，很多古人的故事我们就读不懂。比如“丙吉问牛”，就是古代流传非常广远为大众普遍熟悉的故事。故事说，汉相丙吉出门，碰到一群人当街斗殴，死伤横道，丙吉从旁边经过可是不加过问，跟随他的掾史觉得很不理解。丙吉接着向前走，碰到有人赶牛，牛喘得直吐舌头，丙吉马上停下车来，让旁边骑马的小官去问：“这牛你赶了几里路了？”他身边的掾史觉得丞相该问的不问，不该问的却问个不停。有人拿这件事来嘲弄丙吉，丙吉回答说：“民众相互打斗杀伤，那是长安令、京兆尹职应当去管的，一年到了头，当丞相的查考他们的工作好坏，向皇帝奏明并行赏罚而已。一国宰相不用管像街头斗殴这样的小事，更没有必要在当街过问这些事情。可是春天少阳用事，天气应当是将暖未暖，不应当大热，如果牛只是走了很近的路就喘，那就是因为暑热而喘，这就标志着时气失节。时气失节就是关系天下的大事。三公的职分就是调和阴阳，所以如果时气失节，那就是自己应当关心的，所以问牛。”丙吉最后说的这句话非常重要。故事中讲到的宰相的工作——“调和阴阳”，既包含让人们的生活符合天地之间的阴阳转换步伐，也包含对于时间之钟的人为调试和保养。这是因为在那个时代，人们认为自己不仅生活在时间的阴阳变化中，而且人们自己的行动，也可以影响自然的阴阳变化。在汉代的冬至节，朝廷要专门找来“八音之士”演奏音乐。这一神秘仪式的目的，就是“调和阴阳”。

（二）中国古代时间体系中的五月

我们用很大的篇幅介绍中国古代先民认识时间的过程，并对战国到秦汉时期的时间体系做了介绍。这些知识的重要性在于，它能让我们理解古人认知这个世界的一些基本思路。事实上民俗中有很多具体的做法，其实都有着古人自己的思路，是按照古人的思路结构发展出来的。比如立春鞭打土牛的活动，很多人理解为耕地用牛，所以，鞭土牛就是单纯春耕仪式。《周易·说卦》说乾为天，为父，为良马，为老马；坤为牛，为母，为子母牛，了解到在古人看来，牛代表坤，代表土地，那么你就

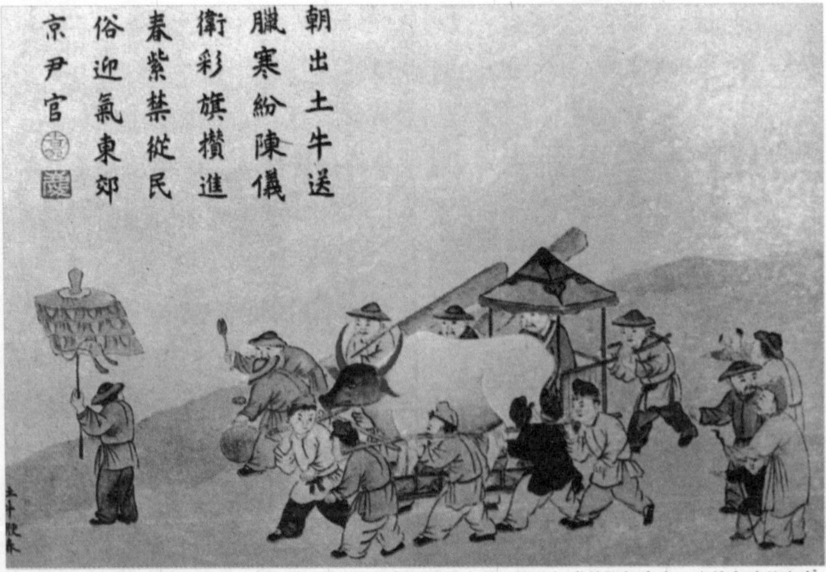

鞭打春牛　你是否知晓，在《周易》的世界里牛还同时喻指大地。因此打春的鞭打春牛，也就意味着在春天唤醒沉睡的土地。　图文天下/供图

会知道这里鞭土牛就是击打大地，就是让大地苏醒。这是中国古代先民“依靠人的行为影响自然的变化”的象征性仪式之一。由此你也会看到这一仪式与许多相关的习俗的联系——因为举凡古人正月如愿故事的击打粪堆、正月十五的踏歌以足踏地、日本的左义长(近于中国的爆竹)以及日本正月十五击打女人屁股，都是沿着这同一个思路形成的。

日本左义长　燃烧的竹子会发出很响的爆炸声。这是今天仍旧在日本各地流行的节日——左义长，这一节日的核心活动就是燃烧竹子，竹子爆炸的声音会震动大地。这一源自中国的习俗，保留了爆竹最早的形态。

上文提到的《礼记·月令》，是用这种思想把人的行为和时间组合成一个整体的典型文献。古人用字是非常有讲究的。《月令》的“令”字，就不是轻易使用的文字。古代“律”、“令”并举，都是法度的意思。像中国人这样把一年的生活时间提高到法律的高度来规定，是中国文化很特殊的地方，我想在世界上并不常见。它的背后，是时间的神圣而又神秘的属性，是古代时间与政治的特殊关系。《月令》的规定非常繁复，但汉代执政者确有依照《月令》行事的记录。比如汉成帝就颁布过《顺时令诏》，诏书以古帝尧“立羲和之官，命以四时之事，令不失其序”为号召，批评朝中公卿大夫“不信阴阳，薄而小之，所奏多违时，传以不知，周行天下，而欲阴阳调和，岂不谬哉”，要求“务顺四时月令”。所以要顺时令，无非是古人期望借此和天地说一句话。顺天应时，求的是风调雨顺、国泰民安。

那么，在中国古代这样一个时间体系中，五月处在怎样一个地位呢？

《淮南子》云：“(芒种)加十五日，(斗)指午，则阳气极，故曰有四十六日而夏至。”所谓夏至，在古人的知识体系中有三重意义：“至有三义，一以明阳气之至极，二以明阴气之始至，三以明日行之北至，故谓之至。”也就是说，它是太阳走到北回归线的月份，所以既是一年阳气最足的月份，又是阴气起始的月份。我们来看一看战国末期到秦汉期间我们古代先民理解的五月的世界。《吕氏春秋·仲夏纪》云：

仲夏之月。日在东井。昏亢中。旦危中。其日丙丁。其帝炎帝。其神祝融。其虫羽。其音徵。律中蕤宾。其数七。其味苦。其臭焦。其祀灶。祭先肺。小暑至。螳螂生。䴗(jú)始鸣。反舌无声。天子居明堂太庙。乘朱辂(lù)。驾赤骝(liǔ)。载赤旂(qí)。衣朱衣。服赤玉。食菽与鸡。其器高以觕(cū)。养壮狡。是月也。命乐师修鞀(táo)鞞(bì)鼓。均琴瑟管箫。执干戚戈羽。调竽笙埙(xūn)篪(chí)。饬钟磬柷(zhù)敔(yǔ)。命有司为民祈祀山川百原。大雩(yú)帝。用盛乐。乃命百县雩祭，祀百辟卿士有益于民者。以祈谷实。农乃登黍。是月也。天子乃以雏尝黍。羞以含桃。先荐寝庙。令民毋刈(yì)蓝以染。毋烧炭。毋暴布。门闾毋闭。关市毋索。挺重囚。益其食。游牝别其群。则絷(zhí)腾驹。班马正。是月也。日长至。阴阳争。死生分。君子斋戒。处必掩身欲静。无躁。止声色。无或进。薄滋味。无致和。退嗜欲。定心气。百官静事无刑。以定晏阴之所成。鹿角解。蝉始鸣。半夏生。木堇荣。是月也。毋用火南方。可以居高明。可以远眺望。可以登山陵。可以处台榭。仲夏行冬令。则雹霰(xiàn)伤谷。道路不通。暴兵来至。行春令。则五谷晚熟。百螣(téng)时起。其国乃饥。行秋令。则草木零落。果实早成。民殃于疫。[2]

《礼记·月令》的五月记事基本同此。这是一段不大好懂却又一定要认真看懂的文字。因为这段文字中的世界，就是我们前面所介绍的天地人神一体化的世界。下面，我们用现代的话语来简单诠释一下这个世界。

在天上的世界，五月天空这个大表盘上，太阳的位置处在东井星宿处，黄昏时亢星位于南天正中，清晨时危星位于南天正中。然后是天神的出场：这时的太阳名为丙丁，主宰的帝是炎帝，神是火神祝融。

在地上，这个月当时的动物是羽虫类，当时的声音是五音的徵音，当时的音律的正音是蕤宾，当时的数是七，五味中当时的是苦味，气味上是焦味。然后是地祇的祭祀，所祭祀的神是灶神，祭祀时主祭的品类是肺。接下来是时节物候，五月小暑到来，螳螂出生，伯劳开始鸣叫，虾蟆不再叫。

然后是人世。首先是关于统治人世的君主。这个月天子住在明堂太庙，乘红车，驾红马，打红旗，穿红衣，戴红玉。食品是豆类和鸡。使用的器皿要高的粗的。要供养好那些壮硕的人。在这个月，乐师要修正和调理好各种鼓、琴瑟管箫、竽笙篪簧、钟磬柷敔，准备好盾斧矛羽。命令主管的官吏为百姓祭祀山川百源，举行大雩的仪式祭祀天帝，并且使用盛大的音乐。然后命令各地举行雩祭，祭祀那些在历史上有功于民的人，祈求一年谷物的丰收。农人开始收获新黍。在这个月，天子要用小鸡雏献祭谢神。并用祭献樱桃给祖先寝庙。要命令民众不用蓝草染布。不要烧灰煮布，不要晒布。不要关闭门闾，不要闭市搜索，要照顾好重

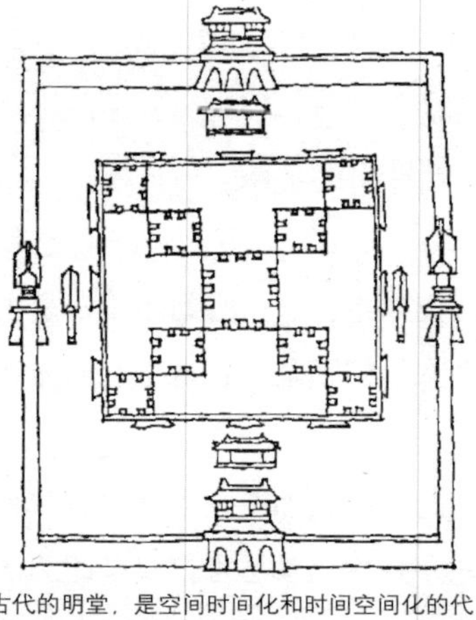
古代的明堂，是空间时间化和时间空间化的代表。在我们熟悉的北京天坛这组建筑中，我们很容易找到这类带给人丰富想象的建筑构思最后的结晶。

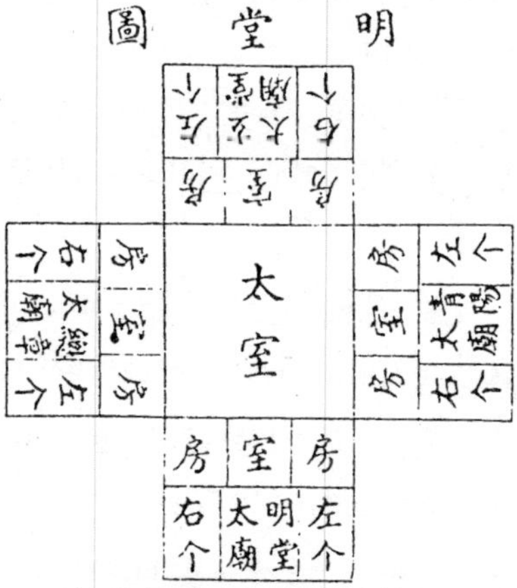

这一幅古明堂图是王国维先生所画。

犯人，多给他们食物。要把那些母马分开群，并拴好公马。并颁布有关养马的政令。

然后是普通人的行为规定。在自然的变化上，这个月日照最长的一天会到来，阴气阳气相争，是万物死生的分界。所以君子要斋戒，居处要遮掩身体，不急躁。不为声色娱乐。不冒进。饮食口味要淡薄。不要过度讲究。要节制耆欲，安定心气。百官按照静的原则处事，不动刑罚。用这些来安定成就阴气。这个月鹿角脱落，蝉开始鸣叫。半夏生草生长。木槿茂盛。这个月不要在南方使用火，可以居住在高明敞亮的地方。可以登高远眺。可以攀登高山，也可以去水榭楼台。

然后是警告，警告统治者要应时而治。否则仲夏如果行冬令，那么会有冰雹冻伤五谷。道路会因之不通。会有横暴的军兵出现。仲夏如果行春令，那么五谷会晚熟，会起各种虫灾，那个国家会陷入饥荒。仲夏如果行秋令，那么会草木零落，果实会早熟，百姓会为疫病所苦。

这，就是战国到秦汉时期中国古代时间体系中的五月。这对我们了解五月节俗有很重要的意义。五月很多节俗的形成，都与这一套思想观念直接相关。比如为什么有那么多五毒传说与习俗，就与这个月当时的动物是羽虫类，并且是阴气初起的月份相关。这我们后面再细说。

（三）端午节在中国古代节日序列中的位置

前面我们简单地介绍了中国古代的时间体系。这一时间体系，是中国古代人民千百年生活智慧的结晶。接下来的问题是，在这一时间体系中，节日又是怎样被镶嵌进去的呢?

如果我们把农历的一年比作一条时间的项链，那么，岁时节日就是这条项链上一个个璀璨的珍珠。问题是这一颗颗珍珠是否仅仅是因为历史上一个个偶然的历史人物或历史故事的出现——比如寒食节的介子推起源谈、端午节的屈原起源谈、七月七日的牛郎织女起源谈等等——才得以镶嵌在这条项链之上？如果不是，这些节日的产生和出现，其内在的逻辑线索何在？不论古今，历法的特征都在于为无限循环往复的时间打上文化的刻度，那么，在中国古代人的生活中，节日作为农历历法体系的一个组成部分，是否具备某些整体的特征？

按照我的研究，中国古代节日排列是具备某些整体性特征的，它的内部存在着一个非常谨严的排列序列。这一节日排列的特点，总体上说是前半年节日多于后半年；在春夏秋冬四季中，是春秋两季的节日多于夏冬两季；在十二个月中，阳数（奇数）月的节日多于阴数（偶数）月；在一个月中，是前半个月节日多于后半月。这一节日排列中，还有两个特例。第一，自唐末至宋期间八月十五中秋节的出现，使八月份这个偶数月的节日分量变得比较重，形成全年谨严的节日旋律节奏中的一段变奏。二是十二月。十二月按照规律是阴数月，但因为临近一年的结束和新的一年的开始，其节日排列上有和一般规律截然相反的倾向。虽然是阴数月但节日分量重，并且是后半月重于前半月。从某种意义上说，十二月的节日部分和正月的节日部分组合到了一起。这一排列产生的直接影响，就是使春节前后的节日分量在全年的节日排列中显示出突出的分量，形成了全年节日的高潮。我曾经在《东亚的时间》一书中，这样描述中国节日的内在节奏的展开：

> 当上述规则具体展开于一年的农业生活中时，我们会看到，中国古代节日的排列具有怎样鲜明的内在节奏！一月之中，当人们为前半月的节日忙碌过后，后半月的平静生活显得非常可贵。当后半月的生活显得过于平静，下一个月新的节日期已经来临。当一个节日较多的月份结束后，到来的是一个相对节日较少的月份。然后到来的又是一个节日相对较多的月份。我们还可以看到，一年之中，当万物萌生的春季这样一个节日繁多的季节结束后，是稳定的成长，是夏季这样一个节日排列相对减少的季节。而当收获的金秋来临，同时到来的是又一个节日的盛季。而那之后是冬季，是一个特殊的过渡的时期，节日

排列由相对减少到伴随着新年即将来临而转入迎新的准备期。一年中节日的最高潮将在这之后如期到来。这一切复以前半年与后半年的节日分量之间的轻重差别，构成了中国古代农业社会节日生活的内在节奏。它俨然自在。一天又一天，一年复一年，这一内在节奏，与大自然的四季迁化有机地组合在一起，与一个又一个精彩的节日传说结合在一起，为我们先民的时间轨迹雕上了美丽的刻度。这一内在节奏，有如万象喧然与处子般宁静的契合，有如一部美丽的乐章，既有平稳流畅的过渡，又有澎湃激扬如唱大风的高潮。它既葆有摇曳多姿的变化又谨然成序，既内容丰富多彩又快慢张弛有度，它是我们先民的时间生活的内在的旋律。[3]

作为中国古代重要节日之一，端午当然并不是孤立存在的，而是这一时间体系中众多节日的一个。那么，在中国古代的时间体系中，在这样一个节日序列中，端午处于怎样一个位置呢？

以半年为单位来审视，五月处于节日分量相对较重的前半年，以季节为单位看，尽管五月排列在节日分量相对较少的夏季，但却是四、五、六三个夏季月中唯一的阳数月，因此在三个夏季月中，它处于一个最核心的位置。而在中国古代由一月一日、三月三日、五月五日、七月七日、九月九日这一节日序列中，端午也排在最中间。另一方面，从自然年的角度来看，端午所在的五月，是夏至月，它与十一月的冬至遥相对应，是一年阴阳转换的重要关节点。如果从古代社会生活的角度看，五月是万物生成的月份，五月的自然变化和一年的收成关系密切。这一点，看一下端午众多的“卜年”——占卜一年的丰歉的习俗就清楚了。在中国古代人的社会生活中，正月和端午都是“卜年”习俗比较集中存在的时期。

（四）戴上“二五眼”看五月

上面讲到的这个五月，乍看起来一定有些纷乱，但要理解它并不难，

阴阳八卦图　阴阳思想和五行思想，是中国古人理解世界的最基本的方式。

只需要你在阅读之前，先戴上一副眼镜。这副眼镜名叫“二五眼”。“二”是阴阳二气，“五”是金木水火土五行。所谓戴上“二五眼”看世界，也就是要尝试用阴阳五行的观点来看世界。之所以有必要戴上这副镜子，是因为千百年来，中国古人就是用这副眼镜看世界的。戴上了这副眼镜，去看古人世界，今天在我们看来乱糟糟的世界，常常一下子就会变得秩序井然，自有意义。

说起来，阴阳五行是中国古代文化最神秘也最有趣的一部分知识。在古人所想象的世界中，最初只有一片混沌，后来阳气上升成了天，阴气下沉成了地。阴阳为二大元气，阴阳往来、阴阳交合，就化生了万事万物。说到五行，其观念形成也非常早。《尚书·尧典》讲到天帝命令羲和“历象日月星辰，敬授民时”，接下来就讲到命令羲仲、羲叔、和仲、和叔分别居住于东方的旸谷、南方的南交、西方的昧谷、北方的幽都，这四位司埋东南西北四极的神灵，就是早期的四神。有了东南西北四神，再加上中央的天帝，空间的神灵就齐全了。而东南西北和中央，合而为五，这就形成了五方的观念。和五方相连的，还有青红黄白黑五色。这五色也是分别配属于五个方向的。亦即东为青，南为红，中为黄，西为白，北为黑。与此相连，我们生活的季节也分别被配属了相应的颜色。春为青，夏为红，秋为白，冬为黑。可是，一年只有四个季节，那么，第五个中央的黄色和谁相配呢？这点问题难不倒古人。古人在每个季节中抽出最后十八天，称为“土用”。“土用”就是第五个季节，颜色就配中为黄。相应的声音也被分成五音——宫商角徵羽。我们形容自己不会唱歌，常谦虚地说自己“五音不全”，这里的五音，就是宫商角徵羽这五音。后来又多出来变徵之音。味道也被分成酸甜苦辣咸等五味。总而言之，在古代中国人那里，世界整个都被看成是阴阳二气的不断变化，而组成世界的元素被划成五种基本元素，金木水火土，称为五行。阴阳二气的消长，金木水火土五行的生克，就是古人认识世界的方法，也是古人改造世界的工具。

戴上“二五眼”再来看上面的记载，来看五月的特征，首先我们来看五行。我们看到五月属火。在天上的世界，丙丁属火，炎帝属火，祝融是火神。五月的地上世界，也都是沿着这个思路铺展出当令的动物、声音、数等等，要一一解释起来比较复杂，篇幅所限，不多解说。这里只说一句，那就是这个世界和我们今天的生活仍然有很多关系。这里不妨举一个我们身边关于味道的例子。五味中五月当时的是苦味，这样说来还比较抽象。盛夏时很多老北京人爱炒苦瓜吃，说是败败火。我们着急上火身体不适去医院，大夫会开点双黄连给你吃，也是用来败火。这样再理解五月为什么于味为苦就简单了，那是因为五月火太盛，人要“允执其中”，用苦味来调整体内阴阳。至于这个月天子为什么住在明堂太庙，要乘红车、驾红马、打红旗、穿红衣、戴红玉？想想我们都熟悉的“火红”这个词，因为火是红的，这样的颜色选择，当然是为了顺时应节。

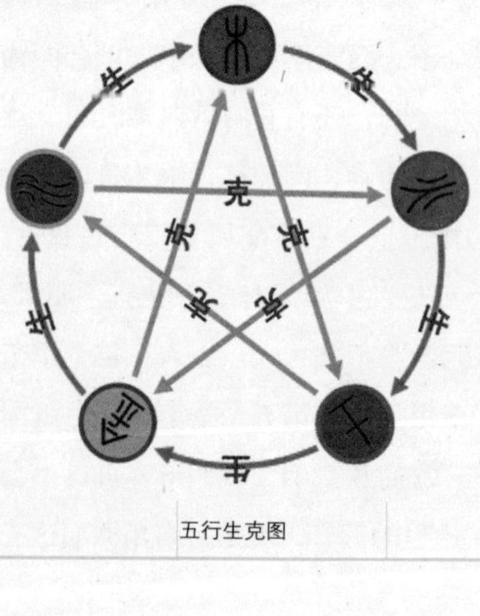

五行生克图

从五月属火这个点上，古人引申出来一系列和端午习俗相关的观念。

首先，五月属火，“火”在五行中的生克关系对端午节俗有直接的影响。照五行的说法，金、木、水、火、土相生又相克。具体说相生是木生火、火生土、土生金、金生水、水生木；相克是木克土、土克水、水克火、火克金、金克木。其中和火相关的是“木生火”、“火生土”和“水克火”、“火克金”。它意味着木是火的“生我”，土是火的“我生”，水是火的“克我”，金是火的“我克”。古人端午的节俗中，很多都是按照这种“生我”、“我生”、“克我”、“我克”的排列原则组成的。比如古人在端午炼铜制器的习俗，部分原因就与五行“火克金”相关。再比如各地端午流行的龙舟竞渡，部分原因也与五行的“水克火”相关。这些容我们后面再详细介绍。

其次，五月的火，是旺火。《淮南子·天文》说：“四时者，天之吏也；日月者，天之使也；星辰者，天之期也；虹霓、彗星者，天之忌也。”四时的运转是上天对世间的统御。它统御的方法就是五行的循环：五行的每一个元素，都有由生到旺到死的过程。具体说是：“木生于亥，壮于卯，死于未，三辰皆木也。火生于寅，壮于午，死于戌，三辰皆火也。土生于午，壮于戌，死于寅，三辰皆土也。金生于巳，壮于酉，死于丑，三辰皆金也。水生于申，壮于子，死于辰，三辰皆水也。”与火相关的三个月——寅、午、戌中，寅是火生，午是火壮，戌是火死，这三辰皆火，但一生、一旺、一死，强弱轻重，大不相同。五月的许多习俗，都和五月火为旺火相关。在讲求中庸平衡的阴阳五行思想框架中，“过”就意味着“不及”，过旺就意味着要出现问题。古人讲端午为“火厄”，要加以趋避，出发点就在于此。

戴上“二五眼”眼镜，从阴阳方面我们又能看到什么呢？我们能够看到的，是五月另一个重大的特征，在自然的变化上，这个月是阳气发展到极盛的月份，也是一阴初起的月份。五月的夏至，阴阳相争，是死生分界。我们提醒读者一定记住这一点。我们端午的岁时习俗，因为历史上渐次吸收了大量的夏至习俗，所以多与这个阴阳转换点有内在的联系。从这个点上古人引申出一系列和端午习俗相关的观念。

先说阳气。

五月阳气盛极，特别是夏至之前，纯阳用事。这是古代人按照自己的方式，获取天地纯阳之气的重要时令，即“用阳”。这在铸器铸剑和中医药领域采药制药等活动中表现得最为充分。另一方面，五月阳气太盛，其力过强。过强则为恶，所以在古代被称为“恶月”。恶的极端就是毒。阳过强则须避之。所以五月适合近水，这与五月祭水神的习俗直接相连。避阳的方式很多。《玉烛宝典》五月仲夏条引《荆楚记》云：“(五月五日)民并以新竹筒为筒粽，楝(liàn)叶插头，五彩缕投江，以为避火厄。”《盖平县志》（民国十九年铅印本）解释有关端午节为什么要避毒时，也讲“五月属午，五日为端午，二午相属，火旺之相。过旺则为毒，故用艾蒿、桃枝、朱砂、雄黄等物解之”。在古代，被称为“恶月”的五月很早就有许多禁忌。比如汉代应劭《风俗通义》记载有做官忌讳五月赴任的禁忌，以为“五月到官，至免不迁”。《后汉书·礼仪志》说：“仲夏之月，万物方盛，日夏至，阴气萌作，恐物不茂，……故以五日朱索五色印（桃印也）为门户饰，以难止恶气。”朱索、五色印这些门饰，为的都是破过剩的“恶气”。《淮南子·天文》说：“日冬至则斗北中绳，阴气极，阳气萌，故曰冬至为德。日夏至则斗南中绳，阳气极，阴气萌，故曰夏至为刑。阴气极，则北至北极，下至黄泉，故不可以凿地穿井，万物闭藏，蛰虫首穴，故曰德在室。阳气极，则南至南极，上至朱天，故不可以夷丘上屋，万物蕃息，五谷兆长，故曰德在野。”《风俗通义》逸文记载说，汉代五月盖房犯禁忌，因为“五月盖屋，令人头秃”。《荆楚岁时记》说：“五月俗称恶月，多禁忌曝床荐席及忌盖屋。”汉代《淮南子》、《风俗通义》中的夏至“不可以夷丘造屋”、“五月盖屋，令人头秃”，以及《荆楚岁时记》的五月“忌盖屋”，思路上遵循的是一条线索。那就是俗话说的“善正月，恶五月”。

汉语中，“恶毒”是很极端负面的形容词汇。在中国古人的时间体系中，五月就是这样一个“恶毒”之月。五月成为禁忌和禳祈极多的月份，绝非偶然。五月时当仲夏，这是瘟毒日盛、人比较容易得病的季节。所以端午在古人心目中是毒日，是恶日，在民间信仰的世界中，这一思想一直传了下来。人们在端午多行厌胜驱邪、除瘟避毒之事，并因此留下种种祈求平安、禳解灾异的习俗。从自然界的变化而言，进入五月，天气变得非常燥热，人容易生病，各种瘟疫也容易流行；再加上蛇虫繁殖，容易伤人，所以人们的生活自然要多加一分小心，这是端午大量的节俗形成并得以流传的根本原因。端午的种种节俗，例如采药、以雄黄酒洒墙壁门窗、饮药酒等等，可以把它看成是民间俗信，但又何尝不是传统的有益于身体健康的卫生活动？端午实是传统的卫生节，是民众有意识与疾病、毒虫做斗争的节日。端午节是中国古代卫生文化传统的重要组成部分。提醒人们注重夏季生活的卫生，就是端午节俗的合理成分。

再说阴气。

五月阴气初起，其力尚微。保护阴气的安定和成就，是古人安排五月行事的另一个重要原则，即“养阴”。为什么规定民众不要用蓝草染布？为什么五月不要烧灰煮布、不要晒布？为什么要照顾好重犯人，多给他们食物？君子为什么要斋戒，要节制耆欲安定心气？百官为什么要按照静的原则处事尽量不动刑罚？所有这一切说到底都是为的一个目的，那就是要保护阴气的安定和成就。

说到这一点，我们不妨谈一下以端午节为女儿节以及在端午节妇女归宁的习俗。刘侗《帝京景物略》称：“五月一日至五日，家家妍饰小闺女，簪以榴花，曰女儿节。”此俗清朝尚存。清人沈榜《宛署杂记》称：“宛俗自五月初一日至初五日，饰小闺女，尽态极妍，出嫁女亦各归宁，因呼为女儿节。”在东亚各国，也均有类似的习俗。朝鲜洪锡谟《东国岁时记》称引上段《宛署杂记》

十二月消息卦图　注意图中乾卦的六个阳爻和坤卦的六个阴爻的变化，它们循环往复变化一周，恰恰反映出古人对一年十二个月阴阳消息变化的认识。

后接着写道："东俗与燕相近，其靓妆，似袭燕风也。"据吉野裕子介绍，日本通常以五月端午为男儿节，但正像近松门左卫门《女杀油地狱》的"五月五日之夜，可是女之家呀"这句台词所反映的，江户时期有把五月五日或其前夜叫做"女之夜"、"女之家"或"女之宿"的习俗。女人在这一天是一家的主人。这是"俗"与"时"密切相关的一个案例。这些节俗的产生，背景与夏至之后一阴来覆的时令就关系甚深。夏至阳气盛极，过午一阴来覆。汉人以《易》入历，做成十二消息卦，五月的卦象是天风（卦象）姤。

这个姤卦的卦象，就是五阳在上，一阴来归。五阳为男，一阴为女。五月端午有关妇女和女儿的上述民俗，本质上就是按照《礼记·月令》应天顺时的思路，对于五月阴阳转换做出的一种解读和模仿。总之，影响古代妇女归宁日期的因素有很多，但五月端午的归宁，与我们这里讲的"时"与"俗"的关系有着密切的联系。在这里"时"与"俗"的关系不是所有的原因，但却是一个很重要的原因。

阴气也并不只有好的一面。五月阴气初起，当时得令的动物是羽虫类，所以这是虫豸频繁活动的月份。《齐民要术》云："五月芒种节后，阳气始亏，阴慝（tè）将萌，煖气始盛，虫蠹并兴……是月也，阴阳争，血气散，夏至先后十五日薄滋味，勿多食肥醲（nóng）。"这里说的"阳气始亏，阴慝将萌，煖气始盛，虫蠹并兴"，与后世的端午有关"五毒"的种种习俗、西南苗人五月制造蛊毒的迷信习俗，都有密切的联系。

再说阴阳转化。

五月是阴阳发生重要转化的月份。中国古人讲究"天地交合，化生万物"。所以五月的阴阳转化当然进入到他们的视野。五月发生的阴阳转化进行得是否顺利，直接关乎秋天的收成，关乎人丁的兴亡和人的运数的起伏。按照古人的"天人感应"的思维方式，自然界的阴阳变化和人的行动是有着密切联系的。为了促进阴阳充分交合，在五月形成了一系列"争"和"斗"的民俗，这一类民俗的特点，是以"斗"和"争"为

日本浮世绘中描绘的端午　这是日本江户时代浮世绘中描绘的端午。日本的端午是男儿节，所以在这一天悬挂鲤鱼旗、晒甲胄。注意檐间，那是来自中国的端午插艾蒿的习俗。

手段，主旨则在于如何促进阴阳交合。古代中国以农业社会为主体，农作物一年的丰歉，是众所关注的大问题，因为它直接关系到民众的生命和生活质量。因为“天地交合”进行得是否充分，直接与能否更多更好地“化生万物”相关，所以五月的“争”与“斗”这一系列的民俗，经常又与占卜丰歉联系到一起。这也是“五月五日晴，主丰稔”、“端午晴干，农父喜欢”之类的农谚出现的背景和原因。

从中国古代时间体系中来考察，五月份在这一体系中的最突出的特征是什么呢？

首先，五月的时间特征，在于它内含着一个阴阳转换的时点。这一时点简而言之可以分成三部分来理解。它既是纯阳的时点所在，又是少阴的时点所在，同时还是由阳向阴转化的时点之所在。其次，与阴阳转化相关，五月的时间特征，在于它内在的矛盾性。五月是一个充满内在矛盾的月份。自然界在五月阴阳发生根本变化。从不同的方向理解这一变化，可以产生方向截然不同的节俗。比如，和三月上巳单一地强调临水禊祓和九月九日单一地强调爬山登高不同，五月既可以登高远眺、攀登高山，也可以去水榭楼台。再比如，为了保护阴气的安定和成就，五月的时间可能强调要“静”。古人认为入夏宜静。宋吴自牧《梦粱录》卷三“僧寺结制”记载“四月十五日结制，谓之‘结夏’。盖天下寺院僧尼设祭供佛，自此僧人安居禅教律寺院，不敢起单云游”。这是入夏取“静”的表现。但为了促进阴阳交合化生万物，它可能又强调“动”，强调“斗”与“争”。我们在后代的端午节俗中，可以清楚地看到这种内在矛盾性在端午节俗中的展开。从利用这一阴阳变化有利的部分这一角度出发，产生了一系列民俗，从规避这一阴阳变化不利的角度出发，也产生了一系列的民俗。五月就是这样一个充满矛盾对立体的特殊月份。

（五）端午节的节期

一般说到端午的节期，指的就是五月初五。

但是，端午节是中国古代时间体系的一部分，是五月节日的一个总汇，是一个复合型节日，所以，它在节期上实际上不仅仅限于五月五日一天。在有些地域，它经常从进入四月就开始进入节日准备期，到五月十五日才算端午节最后过完。这个问题，可以从准备期和节日期间的延长两方面来加以说明。

实际上端午节的很多节日活动，在很多地方早在四月八日就已经开始。在端午节正式到来之前，这些活动仿佛是一个个节日准备期。宋孟元老撰《东京梦华录》记载宋人四月八日的活动云：

端午节物，百索、艾花、银样鼓儿、花花巧画扇、香糖果子、粽子、白团。紫苏、菖蒲、木瓜，并皆茸切，以香药相和，用梅红匣子盛裹。自五月一日及端午前一日，卖桃、柳、葵花、蒲叶、佛道艾。次日家家铺陈于门首，与粽子、五色水团、茶酒供养。又钉艾人于门上，士庶迎相宴赏。

而端午节南方最大的节日活动——龙舟竞渡的准备期也在四月八日。竞渡用的船通常在四月八日开始下水做准备，南方一些地区还有相关的仪式活动，称为“富贵坊”。宋朱辅《溪蛮丛笑》云：“富贵坊，竞渡预以四月八日下船，俗聚饮江岸，舟子各招他客，盛列饮馔，以相夸大。或独酌食前方丈，群蛮环观如云，一年盛事，名‘富贵坊’。” 元人《说郛》、明人《古今说海》均载此条。而《古今图书集成·历象汇编·岁功典》引《武陵竞渡略》亦云：“旧制四月八日揭篷打船，五月一日新船下水。五月十日十五日划船赌赛，十八日送标讫，便拖船上岸。”也就是说四月八日这一天，在南方一些地区实际上已经进入端午节的准备期。又范致明《岳阳风土记》云：“四月八日……濒江诸庙，皆有船，四月中择日下水，击画鼓集人，歌以棹(zhuō)之。而端午罢。其实竞渡也。而以为禳灾，民之有疾病者，多就水际设盘以祀神，为酒肉以犒棹鼓者。或为草船泛之。谓之‘送瘟’。”这里的送瘟神，是端午节节俗的一个变例。当年江绍原就曾经依据这类“送瘟神”的记载定端午节的性质为防病驱邪。[4]今天在广东省广州市番禺区石楼镇，仍有保存得非常好的传统龙舟文化。他们那里流传的一句俗语叫“四月八，龙舟到处挖”，说的就是一到四月八日，就进入了赛龙舟的准备期。村村浦浦纷纷开始把埋在河泥下边的龙舟挖出来，修理整治。这种习俗除了石楼镇，在其他地方应当仍有许多。至于为什么选择四月八日这一天，我推想一是因为这一天在佛教是佛诞日，是行灌佛礼的日子，易于记忆。二是四与八都是偶数，与端午阴阳相对。我这样来解释，也不是单纯凭借自己的猜想。在日本，端午节的准备期，是定在四月二十八日。四月二十八日也都是偶数，这可以作为前述解释的旁证。

日本的四月二十八日，要举行一个名为“驹牵”的仪式。它实际上

只见福来　画中钟馗的手指和宝剑与飞来的蝙蝠，它们的谐音共同构成一句吉祥话“只见福来”（指剑蝠来），这是老百姓的智慧，也是老百姓对美好生活的向往。

也是为五月五日节日的到来进行的准备活动。这一仪式的核心内容是将五月五日、六日骑射、走马要使用的中央政府马寮的马和各国所进献的马先展示给天皇。按照日本10世纪初的《仪式》所规定，准备在骑射、走马中使用的马必须参加“驹牵”，“漏此列者不预五月节”，没参加驹牵者即失去在五月五日、六日骑射、走马中参加比赛的资格。驹牵这一仪式的政治象征性很强。有资格向天皇贡马的“国”（国为古代日本的行政单位，古代日本被分为五十余国），按《仪式》规定有山城、丹波、近江、美浓四国，在后来又先后扩大为包括上述四国及大和、河内、摄津、伊势、播磨、纪伊等十国。从地理上讲，这些国都是畿内和交通要道所在的地方。而在将马展示给天皇时，还有由国的最高首长国司亲自牵马的规定，所以它同时也是国司们表达保卫和效忠天皇之心的效忠仪式。

也有地方从四月朔日开始。日人著《清俗纪闻》卷一《年中行事》的端午条记载：“朔日至六日，于有江湖之处浮放数艘龙船，举行竞渡。”更多的地方，是把五月初一到五月初五作为端午的节期。《吴郡岁华纪丽》引《荆楚岁时记》逸文称：“五月一日为端一，余日为端二、端三、端四、端五。”前引清人沈榜《宛署杂记》所称：“自五月一日至五日，饰小闺女，尽态极妍”，又按照老北京人的回忆，他们买画有钟馗的神符贴在大门上也是在五月初一。端午的钟馗手持宝剑，剑指之处，是一只飞来的蝙蝠。这幅画取的是“只见福来”的谐音。除了贴钟馗、倒葫芦、老虎、五毒外，人们还要戴各种饰物，由此可以推想自初一至初五，这些日子都是有一些节日活动的。但到过了端午，这些东西就要扔掉它，俗称“扔灾”。

在另外一些更重视端午节的地区，端午的节期还被延长到五月十五。这就是所谓的“大端午”。 湖南《辰溪县志》、《沅陵县志》均有当地以初五为小端午，十五为大端午的说法，不过这些地方的端午起源传说和其他地方不同，他们把端午与汉伏波将军马援联系到一起。这一点我们后面还要谈到。

总之，我国历史悠久，土地面积广大，南北东西，自然环境和文化环境有很多差别。因此端午的节期，在不同的地方、不同的时代都有变化。这一点在节期上有所反映是必然的。这也从一个侧面反映了端午节俗的丰富性。

【注】

1 五行金木水火土，是后来的说法。六府早一些，是《尚书·大禹谟》的说法。六府指的是水、火、金、木、土、谷。人生世间，利六府之用，正一己之德以厚生，所以正德、利用、厚生，古人谓之三事。

2 《吕氏春秋》，中华书局诸子集成本， 第46—47页。

3 刘晓峰《东亚的时间》，中华书局2007年版，第68—69页。

4 江绍原《端午竞渡本义考》，见《江绍原民俗学论文集》，上海文艺出版社1998年版，第203－229页。

肆、端午探源

（一）屈原传说

在中国广大民众的心目中，端午起于屈原。屈原传说，是关于端午最重要的文化常识。

端午起源于纪念屈原的传说，流传广远，影响巨大。端午的节俗中，如赛龙舟、食粽子等都与屈原传说相关，并因为这一关联而愈加传播久远。因此，我们这本关于端午节的著作，当然要对屈原传说进行考察。

屈原，名平，是战国时代楚国贵族。他的生年史无明载，后人均根据《离骚》“摄提臻于孟陬(zōu)兮，惟庚寅吾以降”的诗句，推断他的生辰。一般说，认为他生于寅月寅日这是没有问题的。但说到他的生年，有人认为他生于寅年（如汉人王逸《楚辞章句》），有人说未必生于寅年（如朱熹《楚辞集注》）。到今天，关于他的生年，至少已经有八种以上不同的说法。[1]今天学术界通常采用郭沫若《屈原研究》的观点，即以屈原生于公元前340年（楚宣王三十年），卒于公元前278年（楚襄王二十一年）。

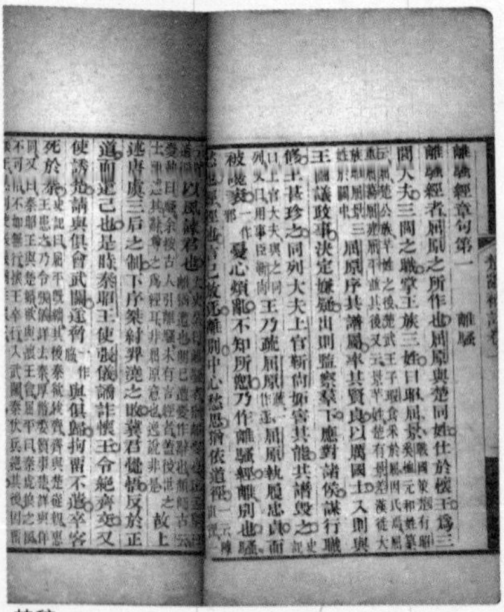
楚辞

关于屈原所处的时代，郭沫若先生也有很精到的描述：“屈原的生是上距孔子卒年(前479年)139年，下距秦始皇兼并天下(前221年)57年，他是生存于战国时代（前463－前221年）的后半期，是中国的同一快要完成的时代，也是中国的文化最为灿烂的时代。

他的同时代学者，比他稍早的有商鞅、申不害、环渊、接舆、尸佼、宋钘、孟轲、惠施、庄周、田骈、慎到、陈良、许行，比他稍后的有邹衍、公孙龙、荀况、韩非，整整和他同时的政治家和他并且有特别关系的有苏秦、张仪。他的时代的确是群星丽天的时代，而他在这个时代中尤其是有异彩的一等明星。因为其他的人大概都是在理智方面发展的散文家，而他自己虽然也是一位政治家，但同时是在感情方面发展的纯粹的诗人。”[2]

在这个时代里，楚国是南方的大国。它面对着来自强秦的压力，同时也拥有一统天下的本钱。《史记》记载，屈原“为楚怀王左徒，博闻强志，明于治乱，娴于辞令。入则与王图议国事，以出号令。出则接遇宾客，应付诸侯。王甚任之”。可知他曾一度深得楚王重用，在国家内政、外交上都有所作为。据说，楚怀王使屈原“造为宪令”，和他位处同列的上官大夫见猎心喜想据为己有，但屈原没有给他。上官大夫由是怀忌妒之心，向怀王屡进谗言，说屈原每造成一令，就自矜其功，说是“以为非我莫能为也”，这些谗言激怒了楚怀王。最后“王怒而疏屈平”，屈原在政治上遇到了重大挫折。此后，他一步步被动地慢慢离开了政治中心，而楚国也国势日蹇。曾重用屈原的楚怀王入秦成婚，一去不返。顷襄王继位后信用宵小，荒淫无度。公元前278年，秦将白起攻破郢都，楚顷襄王逃亡陈城，苟延残喘。屈原在朝中则不断被排斥，甚至被放逐在外，最后于公元前278年自投汨罗江而死。

郭沫若强调，屈原是“在感情方面发展的纯粹的诗人”。这是屈原在同时代人中最特殊的地方，也是屈原之所以成为屈原的根本点。屈原是一位大诗人。他胸怀“美政”的理想，在现实政治中却处处受到排斥，平生抱负不得施展；面对自己的祖国日见侵凌，他热爱自己的宗祖之国，却无力挽狂澜于即倒；他悲愤楚国百姓于现实生活的艰辛，咏叹“长太息以掩泪兮，哀民生之多艰”，却不能不眼看着朝中宵小横行，“固时俗之工巧兮，偭规矩而改错；背绳墨以追曲兮，竞周容以为度”。他高尚其志，却屡为宵小中伤。可想而知所有这一切对他内心造成的创痛是何等深切。即便如此，屈原仍旧坚持自己的主张，不肯委曲以求全。在《离骚》中，他写道："路漫漫其修远兮，吾将上下而求索。"在现实生活中所承受的所有的失败和痛苦，都被屈原转化为文学创作的原动力。这份原动力，最终成就了这位我们中国文学史上最伟大的诗人。

在今天的中国，提起端午节，最流行的回答是纪念屈原。最广泛的关于龙舟起源的说法，是屈原投江后渔夫们纷纷划船到江中救寻的故事。说起粽子最初的起源，大都认为是起源于凭吊屈原。由此可见屈原传说流传之广远，也可见屈原是如何获得了中国民众普遍的热爱。

（二）屈原传说与端午节结合的过程

"楚人悲屈原，千载意未歇。"屈原传说就这样从形成后在楚地获得不断的流传，并逐渐将范围扩大到其他地区。从文献上看，屈原的传说与端午结合到一起，最早也已经是东汉以后的事情。我所见到的最早把屈原与端午联在一起较完整的文字材料，是东汉应劭的《风俗通义》：

> 屈原以是日（五月五日）死于汨罗，人伤其死，所以并将舟楫以拯之。今之竞渡，是其遗迹。

这条记载已经把龙舟竞渡与屈原传说联系到一起，但还显简略。沿着以下几条史料为线索，我们可以看到，端午节和屈原传说的结合，有一个很明显的不断丰富发展的过程。东晋刘义庆《世说新语》记载：

> 周时，楚屈原以忠被谗，见疏于怀王，遂投汨罗以死。后人吊之，因以五色丝系角条，于节日投江祭之。

从"以五色丝系角条，于节日投江祭之"这一记载，可见这时已经有了后来粽子的原型。发展到南北朝，相关记载已经更为全面。《艺文类聚》卷四引用南朝梁吴均《续齐谐记》云：

> 屈原五月五日投汨罗而死，楚人哀之。每至此日，以竹筒贮米，

投水祭之。汉建武中，长沙区回白日忽见一人，自称三闾大夫。谓曰："君当见祭，甚善。但常所遗苦蛟龙所窃，今若有患，可以楝树叶塞其上，以五采丝缚之。此二物蛟龙所惮也。"回依其言。世人作粽，并带五色丝及楝叶，皆汨罗之遗风也。

到这里故事已经由单纯的为招屈而龙舟竞渡，发展出新的神奇故事。在这一故事中，屈原以神灵的角色神奇登场。在他对区回的陈述中，我们可以看到一个神秘的水下世界。这个世界不仅有已经死去数百年的屈原，而且有窃食祭品的蛟龙，有为蛟龙所畏惧的楝树叶和五彩丝组成的神秘的信仰世界。关于五色丝和粽子，典籍中有不同的版本，比如《襄阳风俗记》云：

屈原五月五日投汨罗江，其妻每投食于水以祭之。原通梦告妻，所祭食皆为蛟龙所夺。龙畏五色丝及竹，故妻以竹为粽，以五色丝缠之。今俗其日皆戴五色丝食粽，言免蛟龙之患。又原五日先沉，十日而出。楚人于水次迅楫争驰，棹歌乱响，有凄断之声，意存拯溺，喧震川陆，遗风迁流，遂有竞渡之戏。

在《续齐谐记》中登场的区回这里变成了屈原妻子，而有关蛟龙夺食祭物以及蛟龙惧怕五色丝与竹子的信息，是通过屈原托梦的手法传递的。尽管两者记载上有这些区别，但我们可以看到，一些基本的要素——屈原投江、祭屈原、蛟龙食祭物、蛟龙畏五色丝与楝（或为畏竹）、竞渡都已经是共通的。这标志着有关屈原的传说较之东汉魏晋，不仅多出许多内容，并且这些内容已经基本定型了。在梁宗懔《荆楚岁时记》中，五月五日竞渡源于屈原投汨罗的说法已经成了普遍的说法。

发展到隋唐时代，这一说法已经大到走进帝王家，成为皇家节日活动的一部分了。史载居处北方的皇家亦举行竞渡活动。比如唐敬宗曾"诏王播造竞渡船二十只供进"，后为臣下所谏，改为十只。检索《全唐诗》，我们还可以看到有李怀远、李适等人与皇帝共同观赏竞渡所写下的应制诗篇。随着时间的流逝，人们慢慢开始把传说当成事实，并且在细节和情景上，都有丰富的演化。刘禹锡《乐府诗集序》云：

> 竞渡始于武陵，至今举楫而相和之音，咸呼：何在？招屈之意也。《竞渡曲》盖起于此。

按照刘禹锡的记载，武陵竞渡之时，民众就是为了再现当年群舟并发招屈的场景，才呼喊“何在”的。而从苏轼《竹枝歌》：“屈原已死今千载，满船哀唱似当年”的诗句中，可以推想宋代端午竞渡招屈还有歌唱的内容。至于竞渡仪式，经过一代代发展更是越来越郑重其事。连地方官都亲临现场，主持仪式。到了明清时代，端午食粽和招屈悼屈已经成了民众生活的常识。

这就是屈原传说与端午节结合的大致过程。

对于广大的民众，屈原本人以忠见谤，以信见疑，赋《离骚》而见志，投汨罗以殁身，所谓其志可哀，其情可悯。他的生平，听来引人无限同情，他的辞章精神完足，恢弘博大，读来令人感动。他的死唤起了民众、特别是楚国民众广泛的同情。《太平广记》引晋王嘉《拾遗记》

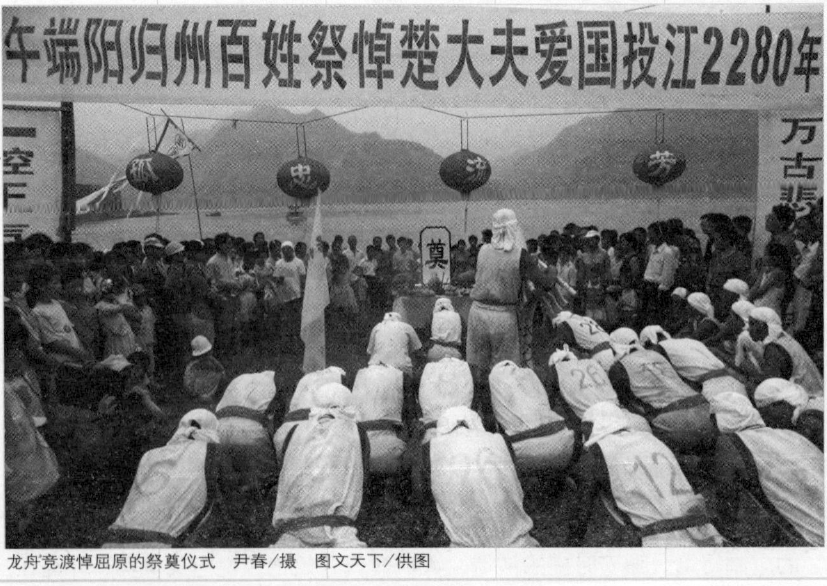

龙舟竞渡悼屈原的祭奠仪式　尹春/摄　图文天下/供图

诗魂存荆楚，于今有遗痕。 尹春/摄 图文天下/供图

云："屈平以忠见斥，隐于沅沣之间。王逭(pò)逐不已，乃赴清冷之渊。楚人思慕之，谓之水仙。"这段记载尽管出现较晚，但所记载的事项却很可能是比较早的。古有悼厉之俗，认为那些横死的人魂魄不散，多立祠祀之。楚国又是一个巫风盛行的地方。屈原赴水而死，不仅死法上属于横死，而且因为他的身世引人同情，所以大概在楚国当地，思慕屈原的民众很可能早就把屈原看成"水仙"，已经有了相应的纪念仪式。文献中后人悼念屈原的行动也很早就已经出现。我们熟悉的《六国论》的作者贾谊，曾经也深得汉文帝的欣赏，但因为受到群臣忌妒而被文帝所疏远。后来他离开京城赴任长沙王太傅，途经湘江，就曾经写下《吊屈原赋》。著名的《汉书·扬雄传》记载，扬雄对于屈原的文采非常赞赏，认为他比司马相如才气大得多，但却不为时代所容，最后留下长诗《离骚》，投水自尽，以至于每读屈原的文字，读到痛哭流涕的地步。在他看来，君子得时则大行其道于世间，不得时则龙蛇逶迤，隐于世间就可以了。因为得时不得时那是命，没有必要连命都拼上。但屈原的精神深深地感动了他，他经常"作书""自岷江投诸江流，以悼屈原"。东汉梁竦"既徂（cú）南土，历江湖，济沅湘，感悼……屈原以非辜沉身，乃作《悼骚赋》，系玄石而沉之"。从这些材料来分析，东汉时期出现端午祭屈原的传说，可以说不是偶然的。

把节日起源归因于某一个历史人物或某一个故事，是汉末至六朝节日发展史上的共同特征。我们看正月十五紫姑故事、上巳节起源于平原徐肇三月所生三女至三日俱亡的故事、寒食起于介子推被焚的故事、端午起源于屈原的故事、七夕起源于牛郎织女的故事等，都产生于这一历史时期。但比较一下古代有关端午起源的记载，我们会很清楚地看到，和屈原传说相比较，其他的关于端午起源于纪念伍子胥、曹娥、介子推、陈临、马援等的说法，后来大多流传有限。特别是纪念陈临和纪念马援的说法，在影响范围上就更加狭窄。从这里面我们可以看到岁时文化传统中存在的起源一元化倾向对于多元的地域传统形成了怎样巨大的压迫。在古代，这种以人物传说对于节日起源加以解释的方法，历史证明曾经是非常有效的。当屈原传说和端午节结合起来，并在知识阶层和民众间传播开，其影响可谓深远广大，甚至跨海越洋，传播到其他国家。日本天平胜宝五年正月四日，日本博士中臣丸连张弓等就中国古代节日的起源向孝谦天皇提出了一份勘奏。关于五月五日的起源，这份勘奏解释道：

> 昔楚屈原为惠王以被放湘南，遂无所返征，则亥时而怀沙入汨罗之水而没已。其灵化而为鬼神，为天下做旱涝疫气之灾。或梦想诲曰，为天下作不祥之灾者，皆我灵气所成。欲消灾者，五月五日于罗水祭我灵者，即消灾矣。则风俗此日连楝叶之玉并茎，黏裹而投罗水之中祭之。依此而天下无灾。[3]

这一段话与中国古代的屈原传说比较，多少有些变形，多了屈原灵化鬼神、兴灾求祭的内容。可以说是日本版的屈原传说。而朝鲜李朝学者金迈淳在《洌阳岁时记》端午条中记载说：

> (朝鲜）国人称端午日，水濑日。谓投饭水濑，享屈三闾也。地之相去万有余里，世之相后千有余年，谣俗不改，精爽如在，何令人感慕至此也。

这份“地之相去万有余里，世之相后千有余年，谣俗不改，精爽如在”

的文化情怀，让这位韩国学者感到困惑，想不清楚屈原传说“何令人感慕至此”。中国古代传统节日影响之大，真是大到足以使人觉得不可思议的程度。

然而，要科学地研究端午节的起源，我们就不能不承认，端午节并不是因为纪念屈原才产生的节日。近人闻一多著《端午考》、《端节的历史教育》，从诸如龙舟竞渡、食粽、臂饰与守宫、扬州制镜之俗、端午鱼龙变化传说等多种角度对端午节日的节俗做了重新考察，得出了“端午本是吴越民族举行图腾祭的节日，而赛龙舟便是这祭仪中半宗教、半社会性的娱乐节目”，“端午是个龙的节日，它的起源远在屈原以前——不知道多远呢！”在闻一多看来，远在屈原投江千余年前，划龙舟的习俗就已存在于江南吴越水乡。这种企图通过祭祀龙图腾以祈求避免水旱之灾的龙祭，便是端午的起源，端午水中竞划刻着龙饰的舟船正是“龙祭”的遗迹。这就是闻一多在学界影响非常大的端午起源于吴越民族祭祀龙图腾的学说。在世界上许多古老民族都有自己的图腾，有的是植物，有的是动物，有的是像龙这样在实际上并不存在的想象的超自然神灵。闻一多认为，屈原在汨罗江投河自杀与端午“祭龙”在时间上是个巧合。问题是仅仅用“巧合”这种简单的说法，来解释纪念屈原的传说最终取代了龙舟竞渡，似乎并不充分。[4]

有关端午节并非起源于屈原，我们还可以举出很多理由。比如，五月五日为恶日的观念，早在战国时期已经存在。《史记》记孟尝君的父亲田文因为孟尝君是五月五日出生所以命令孟尝君的母亲弃之不养。这种以五月五日为恶日的观念，是端午节的重要来源，但实际上和屈原传说没有任何关联。

再比如，直到郭沫若仍坚持认为，五月五日是屈原的忌日，但今天的考古发现证明，春秋战国时期，还是各国各自使用自己的历法的时代。睡地虎秦简甲种《日书》称：“五月，楚八月。”按秦国使用“颛顼历”，以十月为岁首。楚国使用夏正，较秦历有三月之差。所以，楚地的“五月五日”，和秦历的“五月五日”不是一回事，和我们今天的五月五日也不是一回事。那么，屈原忌日的五月五日，究竟是哪一个五月五日？这是主张五月五日为屈原忌日者根本没有办法回答的问题。

清·任熊绘屈原像

后世的端午节俗也并非完全依据屈原传说而演化。比如端午多用艾草。《荆楚岁时记》云：“采艾以为人形，悬于门户上，以禳毒气。”此俗后世广为流传。宋周密《乾淳岁时记》：“五月五日采艾以为人形，悬于门上，以禳毒气。”这还是拘泥于《荆楚岁时记》的做法。进一步是把艾草和北方的天师道联系起来。宋陈元靓《岁时广记·画天师》引《岁时杂记》云：“又以泥塑其像，以艾为须，以蒜为拳，置于门上，称天师艾。”苏辙《学士院端午帖子·皇太妃阁》第三首诗云：“太医争献天师艾，瑞雾常萦尧母门。”可见艾草与端午缘分之深。可是，在屈原的诗歌作品中，艾草基本属于坏东西。屈原诗歌中我们经常能看到的是“佩缤纷其繁饰兮，芳菲菲其弥章”的披戴香花芳草的诗人之自我形象。但他所披戴的一如“扈江离与薜芷兮，纫秋兰以为佩”、“制芰(jì)荷以为衣兮，集芙蓉以为裳”这些诗句中所写的“香草”，是“江离”、“薜芷”、“秋兰”、“芰荷”、“芙蓉”，而艾草在屈原的植物谱中，是什么地位呢？《离骚》中写道“户服艾以盈腰兮，谓幽兰其不可佩”，艾草是他钟爱的幽兰的对立面；他写道“何昔之芳草兮，今直为此萧艾”，艾草是所有芬芳香草的对立面。如果说后人是按照屈原传说结构的端午节俗，那么，在纪念屈原的节日中如此钟意于屈原所厌弃的艾草，岂非南辕北辙？

总而言之，在岁时研究已经有了长足发展的今天，认为端午节并非起源于屈原，已经是学术界基本一致的常识性看法。

（三）有关端午起源的其他传说

历史上，对于端午起于屈原的说法，很早就有人提出异议。隋杜公瞻为《荆楚岁时记》作注，于“是日竞渡”下就注明：“邯郸淳《曹娥碑》云：‘五月五日，时迎伍君，逆涛而上，为水所淹。’斯又东吴之俗，事在子胥，不关屈平也。《越地传》云起于越王勾践。不可详矣。”这段话中提到了吴地的祭祀子胥、曹娥和越地的越王勾践传说，这是吴越自己的端午节俗文化，很明显当地的端午节俗和楚地屈原传说有着不同的来源。屈原之外，实际上还有纪念伍子胥、曹娥、介子推、陈临、马援等。现将有关的文献记载择其早见者引述如下。

上引《荆楚岁时记》杜注中记载的端午节起源于纪念春秋时期（公元前770—前476年）的伍子胥的说法，在江浙一带流传很久远。伍子胥是楚国人，父兄均为楚王所杀，伍子胥一人亡命吴国，助吴伐楚，最后五战而入楚都郢城。那时仇人楚平王已经死亡，伍子胥仍旧掘墓鞭尸三百，以报杀父兄的血海深仇。但是，他辅佐的吴王阖闾死后，子夫差继王位领兵伐越。越国大败，越王勾践请和，子胥建议，应彻底消灭越国，夫差不听，许和于越。另一位大臣伯嚭(pǐ)受越国贿赂，谗害伍子胥。夫差相信了伯嚭，赐子胥死。伍子胥临死遗言，死后将我眼睛挖出悬挂在吴京之东门上，以看越国军队入城灭吴，言罢自刎而死。夫差闻言大怒，令取子胥之尸体装在皮革里于五月五日投入大江。传说钱塘江涌潮即由此而生。民间传说涌潮时能见到子胥白马素车奔驰于潮头中。后人奉伍子胥为潮神，在吴山立祠纪念他，香火至今不断。

伍子胥像

按照《曹娥碑》的记载，五月五日在东吴一带很早就是纪念曹娥之日。关于这一点，宗懔《荆楚岁时记》杜注所引邯郸淳《曹娥碑》原文，收于《丛书集成初编》《古文苑》卷十九，所记更为详尽：

二十四孝故事年画《曹娥负尸》 图文天下/供图

孝女曹娥者，上虞曹盱之女也。……盱能抚节按歌，婆娑乐神。以汉安二年五月时迎五(伍)君(宋章樵注云：伍子胥为涛神)，逆涛而上，为水所淹，不得其尸。时娥年十四，号慕思盱，哀吟泽畔，旬有七日，遂自投江死。经五日，抱父尸出。

可知古代东吴地区迎伍君的仪式在五月，尽管并非确定于五日。而在梁人宗懔之世，已经把它看成是五月五日端午节的起源。

《艺文类聚》引东晋虞预《会稽典录》记载曹娥事已经直书“五月五日”，是以子胥事属端午做法，在梁宗懔著《荆楚岁时记》以前已经有存在。按照这段记载，曹娥于五月死于水，后世遂亦有将曹娥事属端午的做法。《古今图书集成·历象汇编·岁功典》引《云梦县志》云：“五月五日赛龙舟，因邑河水浅，作旱龙。缚竹为之，剪五色绫缎为鳞甲；设层楼飞阁于其脊，缀以翡翠文锦，中塑忠臣屈原、孝女曹娥及瘟司、水神像。”可为证明。这就是谈到端午起源时人们经常提起的“伍子胥说”和“曹娥说”。

有关端午起源于纪念介子推的说法，记载见于唐代的《艺文类聚》所引的蔡邕《琴操》一书中，其云：

介子绥（推）割其腓股，以啖重耳，重耳复国，子绥独无所得。绥甚怨恨，乃作龙蛇之歌以感之。终不肯出。文公令燔山求之，子绥抱木而烧死，文公令民五月五日不得发火。

东汉末年出现的这一说法是比较早的一种，但后来却不甚流行。主要原因，应当是由于六朝以降，人们已经把介子推的故事和寒食节联系起来。特别是在唐代，寒食清明成为一年中的大节。一年之节日中，两度纪念介子推明显不恰当，加之屈原传说的强大影响力，其不甚流行，良有以也。

五月五日纪念陈临的记载早见于《后汉书》，其云：

陈临，字子然。世家南海，奋志绝俗。郡举孝廉。永建中，官至苍梧太守。推诚而理，导人以孝弟。民有遗腹子为父报怨杀人者在系。临知其无嗣，令其妻侍狱中，后产一男。郡人歌曰："苍梧府，恩广大。能令死囚有后代。"建安中，被征为廷尉。卒后，本郡以五月五日祠临东城门上，令小童洁服舞之。其后子孙蕃盛，世以为阴德之报云。

纪念马援的记载更为晚出。杨琳《中国传统节日》一书引《辰溪县志》云："乡民以初五日为小端午，十五日为大端午，相传其俗自汉伏波始。"又引《沅陵县志》云："远乡以初五日为小端午，十五日为大端午，士人言其俗自汉伏波始。"是湖南辰溪、沅陵地方特有的小端午、大端午的节日习俗，起源都与汉将军马援有关。

除了上述端午起源的传说，这里还想给读者们介绍一个保存在日本古代的岁时专书《年中行事抄》中的端午起源传说。《年中行事抄》引证《十节记》云：

五月五日，荃缠。昔高辛氏子乘船渡海，急逢暴风，五月五日没海中。其灵成水神，令漂失船。或人五月五日，以五色丝荃缠投海中。荃缠变化成五色鲠龙，海神惶隐。敢不成害。后世相传。

这里被征引的《十节记》为已经散逸的一本古代岁时专书，到目前为止我们已经发现11条逸文。"五月五日荃缠"条即其一。日本学者山中裕认为《十节记》是日本人所编撰。但从逸文的文本内容看，山中氏的判断显然是错误的。关于《十节记》的成书年代，我推测应在魏晋六朝之间。对此我有专文《十节记新考》加以论述。[5]日本语中的年中行事一词，意即一年之中的重要礼仪祭祀活动，其覆盖范围与我们平时所说的岁时文化非常相近。《年中行事抄》就是一本日本古岁时专书，著者不详。从书中引用日本建保二年宣旨，可知其成书当在1214年后。该书在解释岁时来源时，对中国古代著作如《史记》、《汉书》、《后汉书》、《月旧记》、《荆楚岁时记》、《金谷园记》、《十节记》等均有引用。现收入于《续群书类从》公事部。这是一则关于端午节的起源的非常宝贵的新史料。

这条史料最引人注目的地方，是把端午起源直接和古帝高辛氏的传说连接起来。我们知道，高辛氏即帝喾，宋衷《世本》曰："帝喾，高辛氏。"又云："高辛，地名，因以为号，喾其名也。"又《玉篇》告部："高辛，是为帝喾也。"帝喾一名帝夋(qūn)，又一名帝俊。《初学记》卷九引《帝王世纪》："帝喾生而神异，自言其名曰夋"，《山海经》作"帝俊"。《山海经·大荒西经》云："帝俊生后稷"，《大戴礼·帝系篇》："帝喾上妃姜嫄氏产后稷。"《山海经·大荒西经》云："帝俊妻常羲"，《世本·王侯大夫谱》则称常仪为帝喾次妃。可见帝喾、帝俊为同一人。王国维《卜辞所见先公先王考》指出，卜辞中常称夋为高祖，夋为殷商高祖中地位最为显赫者。何新也以为："上古时代的中国曾广为流行太阳神的崇拜。……在东方的一族（帝喾族）称太阳为夋，以凤鸟为太阳神的象征。这一系是商人的先祖。"

殷商时代是中国古代历法取得大发展的时代。而从帝喾的相关传说中，我们不难看出帝喾具有职掌时间的神格。长沙出土楚帛书称"日月夋生"，又称"帝夋乃为日月之行"。《山海经·大荒南经》载"羲和者，帝俊之妻，生十日"，又《山海经·大荒西经》载"帝俊妻常仪生月，十有二"。王充《论衡》云："帝喾能序星辰以著众。"如果从古代历法和星辰的密切关系这一角度来理解，这里的"序星辰"显然可以理解为和发明整理历法有关。

所谓“殷人重神，率人以事神”，在“率人以事神”的殷商时代，历法的进步，可以想见一定会伴随许多神话和传说故事。但是，非常遗憾的是，这些神话和传说故事，后来大多被“不语怪力乱神”的经学家们删削掉了。正因如此，这条关于端午的新史料弥足珍贵。尽管其中混进了许多汉末才有的因素，但仍向我们展示了后代的岁时节日与上古神话传说之间的一些线索。新发现的有关“高辛氏之子”的材料，所记应当是作为殷商后裔的东夷一支的地域传说。考虑到东夷文化与殷商文化的传承关系，考虑到历法在殷商时代的发展情况，我们有理由推断，这一新史料中记载的内容，在形成年代上很可能早于上述诸种传说。

（四）端午节与水神

保存在日本典籍中的这条史料另一个非常值得注意的地方，是“高辛氏之子”的水神神格。[6]关于端午节我们前边分别介绍了屈原传说、纪念伍子胥、纪念孝女曹娥的说法。把这些与端午相关的历史人物放到一起考虑，我们可以看到，屈原是死于水，曹娥亦死于水，子胥负父兄被杀之仇，辅吴王阖闾破楚。后为对越求和及伐齐事与吴王夫差意见相左，为吴王所疏远，终致被赐剑自杀。死后尸体被盛于鸱夷之器投于江，同样具有水神的神格。这和《十节记》所保留的端午节祭祀水神的记载是有一致性的。有关端午的传说，从祭祀水神这一角度可以加以分析的，还有有关介子推的传说。介子推和屈原、伍子胥、曹娥不同，他死于火。史载春秋时代，晋国内乱，晋公子重耳去国流亡，介子推一直跟随他左右，一起度过了十九年颠沛流离的流亡生活。途中重耳大病，饥寒交迫，介子推曾割股贻君给重耳吃。重耳回国做了君王，奖赏共患难的忠臣贤士，却将介子推给忘了。介子推于是携母入深山隐居。晋文公后来想起子推，便与臣子们入山寻找，却寻觅不到。有人献计放火烧山，以为子推是有名的孝子，看到着火，一定会背着母亲跑出来。可等大火熄灭后，人们发现介子推和他母亲同被烧死在一棵柳树之下。前引东汉蔡邕《琴操》所记这段故事，最后云："文公哀之，令人五月五日不得举火。"从这段传说记载上看，介子推似乎与水神神格没有关系。但实际上在山西地区，介子推正是风雨之神。李道和曾作《寒食考辩》就此做过非常充分的引证和分析。盖山西与多湖泽河流的江南不同，每年的降水量与农作物之丰歉关系甚大。因而风雨之神与江南水神的神格，大有相通之处。另一个可以从水神神格这一角度加以分析的是马援。如前所述，湖南《辰溪县志》、《沅陵县志》均有当地以初五为小端午、十五为大端午的说法，起源据说都与汉将军马援有关。马援本人当然和水神神格没有直接的联系。但如果按照和端午节俗关系密切的高辛氏子、屈原、伍子胥、曹娥的传说都与水神神格相关这一思路来思考，我认为，端午节与马援之间发生联系的重要原因，恐怕与马援"伏波将军"的称号有关。也就是说这之间的联系仍然与水神神格有密切关联。换句话说，除了《后汉书》有关陈临的记载我们今天还找不到与水神神格相关的线索外，几乎有关端午节起源的人物传说，都可以与水神神格联系起来。有关端午节起源的传说，它们共通的地方，是这些传说的主人公大都具有水神神格。它们之间的差别，只是因为不同地域所祭祀的水神不同而引起的。

对于我们思考端午节起源传说，这一事实显然是非常值得重视的。因为这让我们面对一个根本性的问题，那就是端午为什么要祭祀水神？我们能够考虑到的原因，是五月份为农作物生长的重要月份。在以农耕为主要生产方式的古代，旱涝皆灾，农民们靠天吃饭，对于大自然依赖的程度非常大。五月祭祀水神，首先是出于渴望风调雨顺，渴望农业生产获得丰收的朴素愿望。另一个原因，恐怕还是和阴阳五行思想框架下的五月夏至时序和相关祭祀活动有关。按照阴阳五行思想来思考，五月属火，而水与火相对。《周易》就认为乾坤相对、坎离相对，天与地、水与火具有相对关系。夏至一阴初起，是阴阳转换的要点。祭祀水神，与初起的“阴”有内在的关联性。从古代一年之中国家的祭祀活动方面我们也能看到这种关联性。冬夏两至的祭祀活动，在古代出现得非常早，《周礼》中已经有了非常完整的祭祀体系。历代帝王夏至祭地，都要在泽中方丘。这是因为古人认为天圆地方，所以方丘象征地，天坛的圜丘象征天。象征地的方丘和象征天的圜丘之间有相对应的关系，而冬至祭祀用火和夏至祭祀于泽中，也反映火与水的相对应的关系。尽管我们不能断言夏至祭地的“祭地”与“水泽”的这种联系，就等同于祭祀水神，但说两者之间有内在联系，我想还是可以接受的。我们说，端午吸纳了五月时间体系中的众多因素。端午节祭祀水神，实际上也可以看成是夏至节俗被吸纳的一部分。

（五）端午：一个复合性的节日

钟敬文先生谈及端午时，曾经非常准确地指出，端午是一个复合性节日。钟敬文先生说：“民间节日，作为一种文化事物，有一个颇值得注意的特点，就是它的复合性。例如端午节，它既有划龙舟、吃粽子等活动，又有饮雄黄酒、插艾蒿、挂蒲剑、贴钟馗图、小孩戴香囊和穿老虎兜肚，以及出嫁了的女儿回娘家、邻居互送节物等活动。……这些表明民间的许多节日，是包括着社会的多种活动事项在内的。从社会文化的门类说，它包括着经济、宗教、伦理、艺术、技艺等活动。它是许多文化活动的集合体，是民族文化的一种展览会。”[7]

钟敬文先生谈到的民间节日的“复合性”，主要是从节日的存在方式上展开讨论的。但实际上，这一观点放在对节日的起源探讨上同样是非常有意义的。我曾经在一篇论文中，就节日起源问题提出并讨论过复合型节日这一概念。我认为，“中国古代的节日从起源到发展，经常是经历了复杂的历史演变。这一演变的复杂性通常是在时间和空间两个向度上展开的。时间上不同时代的思想和文化的变化、空间上不同地域的文化因素的存在及其影响，都对节日文化的产生、发展、演变产生重要的影响。中国岁时节日的丰富性也表现在这里。所以，探讨和研究一个节日的历史，必需要把不同的时间和不同的空间这两个重要的因素放进来。对节日穷本溯源是从古以来共通的研究倾向，古往今来学者们都企图为一些节日找到唯一的起源，由此导致研究者各说各话和对某些节日起源问题喋喋不休的争论。但实际上节日的历史展开过程，常常并不是单向度的。所以如果我们换一个角度来思考，问题反而容易解决。”

端午节别名五月节。在所有的名字中，五月节这个名字最反映今天端午节的特征。因为今天的端午节俗，实际上包含了中国古代时间体系中五月份的多方面特征，换言之，它是古代五月节俗的总汇。可以说，作为五月的代表性节日，我们今天所说的端午节，并不是一个单一起源的节日，而是一个典型的复合型节日。它以古代先民对于五月的时间认识为基本框架，吸纳了历史上各个地域曾经存在的五月的节日因素，最后定型成为今天的端午节俗。

端午节吸纳得最多的一个重要节俗是夏至的节俗。

盛夏五月最重要的节日是夏至。对于农耕社会，太阳的变化是非常重要的，因此从一开始便成为先民观测的对象。古人很早便认识到冬夏二至，并且把夏至作为上古祭祀的重要时期编入祭祀系统中。《周礼》中已经和冬至祭祀天神相对，有“以夏日至致地示（祇）物魅”的记载。《史记》记载汉代的祭祀活动说：“夏日至，祭地祇。皆用乐舞，而神乃可得而礼也。”后世的历朝历代，夏至祭祀地祇的传统一直都有传承。夏至的很多节俗——比如食粽、赠扇、系长命缕等，后来都成了端午节俗的有机组成部分。我们在“屈原传说”一章中就端午节与水神祭祀的关系做了分析。按照这一分析，端午节有关的历史传说几乎都与水神祭祀有关，而端午祭祀水神，与夏至祭地祇于泽中方丘之间，明显存在内在的联系。我们这里还要特别强调指出的是，夏至的阴阳转换，乃是端午节节俗内部最核心的理论框架。一定意义上可以说，夏至就是我们理解端午节俗的枢纽，是我们打开端午节俗起源最重要的一把钥匙。

被五月端午节吸纳进来的，还有战国以来有关五月的节俗。这首先是有关五月五日的习俗。我们前面讲过，中国古代岁时节日中存在一个由一月一日、三月三日、五月五日、七月七日、九月九日结构而成的重数节日序列。在这一节日序列中，五月五日是一个急先锋，它早在战国时期已见端倪。如果考察一下战国至秦汉之间有关五月五日的习俗记载，那么我们发现其中有很多共通性的成分。

比如早期关于五月五日，就有一种“子克父”的俗信。

关于这种俗信，有一段非常著名的故事。《史记·孟尝君列传》记载，田婴是战国时代齐国的宗室大臣，妻妾成群，有四十多个儿子。有一年五月五日，他的一个“贱妾”生了一个儿子，他就命令扔掉他。原因就是因为当时有一种说法，说是“五月子者，长与户齐，将不利其父母”。但那位“贱妾”最后还是舍不得，把这个孩子养大了，他就是战国四大公子之一的孟尝君。忌讳五月五日生子这种习俗，相当一段时间内非常流行。除了克父，还可能害母。比如王充《论衡·四讳》就记载云：“讳举正月、五月子。以正月、五月子杀父与母，不得举也。已举之，父母祸死。”又应劭《风俗通义》亦云：“俗说五月五日生子，男害父，女害母。”这一俗信的基本点，是五月，特别是五月五日这一特殊出生日期与子克父母观念的联系，它不知害了多少端午出生的孩子。好在过去的人们慢慢也发现这种观念不可信。东晋时期，有一位大将军王镇恶就是五月五日出生。当时家里有人提出这个孩子出生的日子不好，要把他过继给人，他的祖父王猛却认为，“此非常儿。昔孟尝君恶日生而相齐，是儿亦将兴吾门矣”，并特地给他起了个名字叫做“镇恶”。王镇恶非常擅长领兵作战，后来率领军队灭掉后秦的就是这位大将军。五月五日还有一个很早就有的习俗，那就是汉代宫廷中流行的吃猫头鹰肉汤的典故。之所以这一天食“枭羹”，据说是因为猫头鹰是害母的不孝之鸟。这里面我们能够看到的，是与“克母”观念的联系。五月的早期习俗，还有五月不盖屋，五月不得曝晾枕席，官员五月不赴任等。《风俗通义》逸文就记载说，汉代五月盖房也犯禁忌，因为“五月盖屋，令人头秃”。汉人五月忌讳曝床荐席，因为很可能给自己家的孩子招来灾难。据说新野一位叫庾寔的，曾在五月晾席子，突然看见一个小儿死在席子上，一转眼又看不到了。那之后他的孩子就死了。至于五月官员不赴任的道理，据说是因为“五月到官，至死不迁”。五月被认为是恶月的观念，在清末仍旧有很大影响。老北京人忌讳五月搬家、糊窗槅和剃头(见《帝都岁时纪胜》)，应当都和五月为恶月的说法相关。如果我们细致地分析五月五日的习俗，会发现很多五月五日的习俗在根源上，依旧是源出于夏至的阴阳转换。比如“五月到官”为什么会同“至死不迁”联系起来？如果把五月为“阳之极”这一条放进来思考，就明白这是因为官员的升迁是“阳”，五月为“阳之极”，到官赴任当然暗含着再难有升迁机遇这层意思。五月生子不利父母的看法、五月汉宫廷饮食猫头鹰肉汤的做法，我认为也都与夏至的阴阳转换相关。因为五月的阳，开始进入弱势，以后会一天天弱下去。正是这样的思维框架下，才会有五日生子长及门楣，则其父就会死去，父死意味着老阳的死。

清·徐扬《端午故事图》中的一页——裹角黍　故宫博物院/藏

端午还吸纳了午月午日铸器造剑的习俗。前面引子中谈到，唐人五月五日铸水心镜。这一习俗的起源，实际上就是上古午月丙午日铸镜造剑之俗。这一习俗很早就有。今天出土的汉镜，很多都刻有“丙午日”、“午日”

的字样。与此相关的，其他诸如采药、避邪等习俗，原本在午月丙午日实行者也有很多。这些后来也都被归入端午节中，成了端午习俗的一部分。

我国古代是男耕女织、自给自足的农业社会。在农业生活中，五月是新蚕初成的月份，所以有很多相关的庆神乐神的活动，五月也是新黍初登的月份，所以有很多祭神荐新的仪式。这些活动很多也被吸纳进了端午节节俗中。端午节食的粽子古名角黍。它的出现和新黍初登就密切相关。黄石先生《端午礼俗史》指出，五月是古代妇女收养蚕之功的节候。一些地方妇女们借端午节庆祝一年蚕工之成，用丝织成五色丝缕、缠纸帛为襞(bì)方也是有的。这是正确的判断。

除此之外，端午节还吸纳了古人在五月季节转换中卫生养生之俗。这方面的材料和证据就更多了，因为我们后面要详细介绍，这里不多例举。

总而言之，我们今天的端午节，是一个复合型节日。它吸纳了中国古代五月节俗，特别是夏至相关的节俗，最后才形成了我们今天的端午节。五月时序上的特殊性，决定了端午节节俗的基本内容，而夏至更是我们理解端午节俗的枢纽。

【注】

1 汤炳正《屈赋新探》，齐鲁书社1984年版，第37页。

2 郭沫若《屈原研究》，群益出版社1946年版，第15—16页。

3 惟宗公方《本朝月令》，日本群书类从本1931年版，第273页。

4 参见闻一多《端午考》，《闻一多全集》第1册，三联书店1982年版，第221—238页。

5 刘晓峰《东亚的时间》，中华书局2007年版，第75—95页。

6 这条史料让我们联想到《初学记》卷六引《博物志》的佚文："昔阳国侯溺水，因为大海之神。"在大陆文化为中心的中国，除了四海龙王，有关海神的记载并不多。

7 钟敬文《节日与文化》，见萧放《岁时——传统中国民众的时间生活》，中华书局2002年版，第2页。

伍、端午的节俗

（一）龙舟竞渡

端午的节俗，首先要说龙舟竞渡。

端午赛龙舟之俗，流行于南北中国。

龙舟竞渡，按照民间的端午传说，是起源于当年渔人们竞相出舟以救屈原。但实际上一如闻一多等学者分析的那样，它很可能是上古龙图腾崇拜的遗意。

我们中国人自称“龙的传人”，中国也被称作“龙的故乡”。这是因为龙图腾是中国古代起源极早并且影响巨大的最重要的上古图腾之一。古代中国有很多部落直接以龙为称，比如“龙方”、“龙师”，也有很多部落把龙作为自己最早的祖先神。历史上很多重要人物都被神化为“龙子”。如女登“感神龙而生炎帝”、赤龙与庆都合而“有娠而生尧”，秦末汉高祖刘邦斩蛇起事，被神化为“赤帝子斩白帝子”，实际上正是使用了这种图腾神话来增加自身的神秘色彩。古人对于龙图腾的崇拜，其直接原因，一个层面是对于神秘力量的恐惧，更深的一个层面则是期望能够建立起自己与这种神秘力量之间的关系，并最终得到且使用这种力量。这就需要有相应的祭祀仪式。龙舟竞渡最早的起源，很可能就是这类祭祀龙图腾的仪式。出现在我国文明发展初期的文物上的龙舟图案，告诉我们龙舟曾经和远古人的祭祀生活有着怎样深的联系。

但是，在节俗日渐发展成为“佳节良辰”的后世，龙舟竞渡这一节俗，已经完全和最早的龙图腾崇拜脱离了关系，开始增添了更多娱乐的内容。历朝历代，端午赛龙舟作为端午重要节俗，经常为宫廷所采用，成为内廷节日生活的一部分。《新唐书》记载，早在唐朝长庆年间已经有了宫中竞渡龙舟于鱼藻宫的事情。同样的竞渡记载还见于宝历元年、二年。《元史》记载元至正十四年，“制龙舟于内苑，自后宫至前宫山下海子内往来游戏。”《酌中志·明宫志》记载“五月初五日，圣驾临幸西苑，斗龙舟划船”。清高宗亦于“端午日，命内侍习竞渡于福海，画船箫鼓，飞龙鹢(yì)首，络绎于波浪间，颇有江乡竞渡之意”(《清稗类钞·端午龙舟》)。

战国铜器边饰中的龙舟纹

清人绘《聊斋志异》插图中的龙舟

在民间，龙舟竞渡既和向龙王祈祷风调雨顺相关，充满祈年赛愿；又和民众在平淡的生活中渴望宣泄、渴望激情的社会心理相关。每当那种群声合噪、群手齐力的竞渡场面出现，通常岸上已经人如蚁聚。他们并肩接踵，涌砌如墙，喧呼号喊，整个人都投入其中。这样的活动，深深植根于人民的生活中。历史上即便官府屡屡禁止，但龙舟竞渡之俗千百年来却一直流行而“不能革”。史载宋太祖乾德元年“夏四月，戊子，禁湖南竞渡”，乾德五年，“夏四月，戊子，禁民赛神为竞渡戏”(《续资治通鉴长编》)。“五月五日，竞渡戏船。……废业耗民，莫甚于此。皇朝有国以来，已革其弊”(《太平寰宇记·荆州风俗》)。“龙舟竞渡，费用甚巨，有令禁止”(《惠州府志》)。站在政府的立场上，赛龙舟是有很多问题的，“竞渡有三害，破财一也。起斗争词讼，二也。不幸复舟陨性命，三也。然细民乐为之，官府莫能禁。”(《兴化府志》)上面这样禁止龙舟的例子，散见于各种记载，令人不胜枚举，并且直到今天，仍能够见诸报端。

龙舟竞渡，竞与争自然成为这一节俗的核心内容。从性质上说，它是端午节的争斗性质的一种表现。赛龙舟历史上一直就有“争”的成分。我们今天通过电视或图片看到的赛龙舟，大多仅只是以先后争胜负的文明竞赛。但在历史上，各地的龙舟竞赛其实不仅有船和船的争斗，还有非常激烈的人和人的争斗。这在典籍中有很多记载。李道和博士在《端午新考》一文中引了几个很好的事例[1]：唐代武则天朝，士人间有借竞渡赌钱之俗。《全唐文》卷260康廷芝《对竞渡赌钱判》一文，从另一个角度反映了当时士人“将钱物赌竞渡，因争先后，遂折舟人臂”，最后打官司的情况。宋庄绰《鸡肋编》卷上记载“各地岁时习俗”条目，记载湖北五月望日“大端午”竞渡时，各村“各雇一人凶悍者”，他们在船首执旗，身挂纸钱，专门负责与其他龙船在竞渡中击打斗殴，如果龙船之间的斗殴打出人命，这个人还要挺身承担“斗杀之刑”。可见打出人命也是有的。《夷坚志》卷九记鄱阳一地竞渡之间，或有“抛石互击”、“射弩放弹”。有一次两只船斗到薄暮仍不甘心罢手，直到最后湖船斗沉，五十几人淹死。这样的记载其实很多。因此历朝历代常有禁止民间赛龙舟的政策出台。古代还有因为赛龙舟得祸的。《明史》就曾经记载这样一段故事：当年刘瑾正擅权一时的时候，他的亲信谷大用被派掌司礼监，后又提督西厂。谷大用曾分遣官校，远出侦事。他得知江西

民国时期上海端午节赛龙舟　fotoe/供图

20世纪60年代末香港大屿山大澳渔村赛龙舟　蒙敏生/摄　fotoe/供图

南康的百姓吴登显等曾在五月五日为竞渡，就诬蔑他们擅造龙舟。结果吴家被籍没，当时“天下皆重足屏息”。有趣的是赛龙舟的风俗后来还从江河流传到海上。黄叔璥《台海使槎录》记载，五月五日当地“自初五至初七，好事者于海口浅处，用钱或布为标，杉板鱼船争相夺取，胜者鸣锣为得采。土人亦号为斗龙舟。午时为小儿女结五色缕，男系左腕，女系右腕，名曰神钍。三月尽四月朔望，五月初一至初五日，各寺庙及海岸各船，鸣锣击鼓，名曰龙船鼓。谓主一年旺相”。这段文字记载了龙舟之俗在台湾地区的演变，读来别有情趣。今天地方的赛龙舟活动，仍然有“争”的一面。2006年五月，在鹰潭发生了禁赛并销毁龙舟的事件，起因就是为了避免争斗。据报道，江西省鹰潭市因为担心龙舟活动吸引太多人员聚集，容易发生意外或冲突，索性一“禁”了之，将当地的近千条龙舟锯断或砸烂。然后根据龙舟的新旧程度，每条龙舟赔付给村民1000～3000元人民币。我想，地方政府烧龙舟的出发点是好的，姑且不论鹰潭市所担心的“意外和冲突”，历史上本身就是端午节俗的固有成分。单就这一事件的处理而言，也不免过于简单，大有“为倒脏水泼掉婴孩儿”的嫌疑。当地村民就认为：划龙舟“这千百年的风俗，说禁就禁，也未免太不近人情了，将来我们的孩子还知道中国有‘划龙船’这回事吗？”认真想一下，也许还有比这更好的处理方法。

关于龙舟的形制，日人中川忠英编写的《清俗纪闻》有一段详细的描述：

> 龙舟长约五六间，宽约两间，船首船尾为龙头龙尾形状，船身画满龙鳞，均涂彩色，呈龙浮于水上之状。
>
> 船只前部有牌楼，称为龙门，上面一般竖一凉伞，四根柱上插有旗帜。后有两层之台，台中央竖立凉伞，四方竖列旗帜数杆。台后有亭，亭上亦有凉伞，亭之两侧建有栏杆，上面竖列数杆旗帜。船后斜插大旗一杆于龙尾之上，以上种种装饰不一。旗及凉伞均用星星红、明亮缎子、皱绸等缝制，极为美丽。降雨时，使用油旗。

油旗是使用桐油浸涂纱绫皱绸而制成。每艘船乘二十余人，六七人在台下敲锣打鼓，吹奏乐器，二三人在亭内执握关刀。因用木板将舵制成青龙刀状，故称关刀。职掌船只进退左右之十余人则分列于船之两舷划桨，竞使龙船迅速前进。围观众人或向水施放鸭子，或在酒壶内放入若干赏银记入姓名，封口后放入水流。龙船上人则互相争先，以夺得者为优胜。[2]

这里所记载的龙舟形制，只是供读者做一参考。在福建地方，则造出长五六间宽一间之船竞渡，但除龙头外，无其他旗帜等装饰。敲锣打鼓，由数十人乘船竞渡。千里俗异，百载事迁。古往今来不同地区不同时代的龙舟，在形制上一定有许多变化和不同。

（二）争斗之节

龙舟之“竞”，是端午节俗的重要表现。“争竞”、“争斗”其实是了解端午节俗最重要的关键词。《礼记·月令》说五月：“是月也，日长至，阴阳争，死生分”。正如我们前面分析的那样，五月是一年阴阳转换的重要转折点，阳迫于上，阴动于下。与“阴阳争，死生分”相关联，五月形成了一系列以“争”和“斗”作为核心的节俗。《隋书·地理志》记南郡、襄阳二郡“竞渡之风尤甚”，并记“二郡又有牵钩之戏，从讲武所出”，“俗云以此厌胜，用致丰穰”。小南一郎分析这种卜年行事说，从那阴阳两种因素争胜负的行事方式，可以窥测存在于其背后的宇宙论性质的观念。[3]这是看得非常准确的。我们已经知道，端午节的节俗与自然的阴阳二气循环有重要的联系。既然认识到五月“阴阳争，死生分”，按照古人的思路，他们是不会仅仅停留于应当顺应阴阳的变化调整自己的生活的，还期望通过自己的行动，调理阴阳。

问题是古人怎样调理阴阳呢？古人所依靠的，主要是巫术式的方法。弗雷泽在其名著《金枝》中分析过巫术赖以建立的两个思想原则，一个是“同类相生”或果必同因；也就是说只要物类相同，那么改变同一种类事物中的一个，另一个就会发生变化。比如古人过冬至，因为是阴盛阳衰，所以常常赦囚、清理监狱。这是因为监狱是“阴”，清理了监狱的“阴”，天上的太阳的“阳”也就得到补强。第二是“物体一经互相接触，在中断实体接触后，还会继续远距离的互相作用”。他称前者为“相似律”，后者为“接触律”或“触染律”。他认为，巫师根据第一原则即相似律引申出他能够仅仅通过模仿就实现任何他想做的事这样的逻辑；而从第二个原则出发，巫师断定他能通过一个物体来对一个人施加影响，只要该物体被那个人接触过，不论该物体是否为该人身体之一部分。弗雷泽把基于相似律的法术叫做“顺势巫术”或“模拟巫术”，把基于接触律或触染律的法术叫做“接触巫术”。

按照古人的思路，正月与冬春交替相关，为除旧布新之时，端午与夏至有关，是阴阳变化极为激烈的时期。在这样两个阴阳转化新旧更替的特殊时间，通过对天地阴阳之气相争进行模仿，会促进阴阳之交，进而达到促进人类和万物的繁殖，达到人畜与稼禾兴旺的目的。在端午节俗中，依照模拟巫术的法则衍生出来以“斗”、“争”为核心的民俗，如闺中少女的“斗百草”，端午前后举行的拔河活动、骑射比赛、龙舟比赛，实际上都属于这一类。

1. 厮打角力

端午的斗与争，体现在很多方面。选端午节摔跤厮打也是其中之一。

在端午节摔跤厮打的习俗，流传很久。《隋书·地理志》记扬州“五月五日为斗力之戏，各料强弱相敌，事类讲武”。这种风俗到宋代有很大变化。范成大《吴郡志》描写吴地风俗云：“其俗信鬼神，好淫祀。父子或异居，大抵然也。其人并习战，号为天下精兵。俗以五月五日为斗力之戏，各料强弱相敌，事类讲武。宣城、毗陵、吴郡、会稽、余杭、东阳，其俗皆同。然数郡川泽沃衍，有海陆之饶。珍异所聚，故商贾并凑。其人君子尚礼，庸庶淳庞，故风俗澄清而道教隆洽，亦其风气所尚也。《华谊论》云，吴有发剑之节，赵有挟色之客。《郡国志》云，吴俗好用剑轻死，又六朝时多斗将战士。按诸说，吴俗盖古如此。本朝文教渐摩之久，如五月斗力之戏。亦不复有。”可知到了宋代，吴地已经一洗旧日用剑轻死之风，五月摔跤厮打的斗力之俗也骎(qīn)然消失。但在幅员广大的中国，一种习俗一旦形成并传播开，就常常会出现东方不亮西方亮的情况。屈大均《广东新语》记载，广东阳江县有“端午厮打”的怪现象。据说阳江县口有一个“厮打冈”，五月五日，乡人无论老少，都集中到那里，挑拣与自己身体强弱接近者厮打，说是胜利的一方会大吉大利。屈大均说，他认为这风俗“事类讲武”，缺少礼让之风，所以应当禁止。屈大均直接指出，这种习俗和吴俗的“斗力之戏”是一脉相承的。到清代为止，斗力之俗仍保存于广东，或与客家文化相关，实在是一个值得研究的有趣的文化现象。

实际上，斗力之俗的影响波及极远。远到在朝鲜半岛我们都能找到。《东国岁时记》记载，朝鲜古代端午节时，那些“丁壮少年者”会集合到南山倭场和北山神武门后，为角力之戏以赌胜负。但在做法上，朝鲜半岛有自己的特点。朝鲜端午的角力方法，是两个人对跪着，各用右手去搬对方的腰，搬倒为胜。这种端午节摔跤厮打的习俗，在古代很早就已经传到外国去了。

2. 斗百草

端午的争斗类习俗中，最小的要数女儿家们的“斗百草”。《遵生八笺》云：“五日踏百草，又作斗百草之戏。章诗云：‘今朝斗草得宜男，五日蓄兰以为浴。’”古代斗草不仅限于端午，但端午盛行斗草，是毫无疑问的。说到斗百草，当然要提到晏殊的《破阵子》，这是写到斗百草习俗最有名的一首词：

燕子来时新社，梨花落后清明。池上碧苔三四点，叶底黄鹂一两声，日长飞絮轻。 巧笑东邻女伴，采香径里逢迎。疑怪昨宵春梦好，元是今朝斗草赢，笑从双脸生。

虽然这首词写的是清明节斗草，但在古代人的生活中，斗草给小儿女们带来何等愉快，这首词可谓反映得活灵活现。和斗百草相关的，《隋唐嘉话》还记载了唐代安乐公主一段逸事。大诗人谢灵运，原本长一部漂亮的大胡子。谢灵运被杀前把这部胡子施舍给了南海祇洹寺塑维摩诘像用。到了唐代，大谢小谢都已经是唐代诗人顶礼膜拜的对象。这部胡子于是也就成了寺中一宝，广为人知。后来到了唐中宗时，唐中宗的女儿安乐公主非常想在五月五日斗草中取得胜利，竟然突发奇想，想到了用谢灵运的胡子装成草。于是派人去寺中取来胡子试用。大概用起来果然比一般的草结实许多，她又冒出深怕别人也会打这部胡子的念头的想法，于是派人又去庙中把胡子一根不留全部剪下来。写过“池塘生春草，园柳变鸣禽”的谢灵运一部大好胡须，如果流传到今天一定成为天下名物，可怜却因了一个要在斗百草取胜的好强想法，就此一根不存。

斗草一俗，在清代也很流行。曹雪芹在《红楼梦》一书中描写香菱和几个丫头各采了些花草，斗草取乐。这个说，我有观音柳；那个说我有罗汉松。豆官说，我有姐妹花，香菱机智地回答说我有夫妻蕙。这段故事，广为人知。

3．骑射之争

孔老夫子说：“君子无争”，如果有所争，那“必也射乎”。和今天的体育课一样，射箭本来就是古代教育的重要的一部分。历史上，端午节北方还有射柳之俗，这实际上也是争斗的一种。典籍中所记载的北人射柳之俗，起始时间远远落后于南方赛龙舟之俗。今天所知最早的记载，仍是唐末。至于其起源，黄石先生《端午礼俗史》以为，射柳之俗起于唐末，但实际上并非承袭古制，而是吸纳了胡俗，其云：

据《文昌杂录》，华人射柳始于唐，由后之史料比较，知此俗亦非唐人所创，亦非沿承古制。李唐起于陇西，与胡狄夙有渊源，太宗时已与吐蕃缔国交，天宝末安史之乱，又与回纥结盟。吐蕃回纥具西北民族，向来尚武善骑射，虽无历史明文为证，亦可推知清明或端午以骑射为度佳节的戏乐，必盛行于尚武民族间。吐蕃回纥与唐交错，文化交流，很可能把射柳练武之风，传入中土。适唐宫端午有角弓射粉团之戏，武夫仿行，改射粉团为射柳，其源流是很明晰的。契丹女真两族，亦起自塞北，与吐蕃回纥时相接触，从他们那里学得寓演武于岁时娱乐，也是极可能的事。两族乘宋人文弱，先后侵入黄河流域，立国于华北，以幽燕为国都，端午乃至清明，都下盛行此戏，君主且亲临观赏，以示共乐，且意在提倡，俨然是朝廷的岁时大礼。汉人仿而行之，故南宋时渐渐流行，历元明清三代，此俗尚相沿不废，从此，国人端午又多一戏乐了。这样看来，端午射柳，纯然是异族传来的岁时礼俗，可断言矣。[4]

汉代画像砖《骑马射箭图》 河南许昌博物馆/藏 fotoe/供

北中国的历史自南北朝以降直到隋唐时代，一直与北方骑马游牧民族的南下相联系。立足于这一历史时期北方各民族的文化相互融合的背景来审视，黄石先生所言，实是很有见地的看法。笔者在这里只有两点补充意见。其一，尽管端午的射柳很可能如黄石先生所言，"纯然是异族传来的岁时礼俗"，但它能最终成为北中国长期流行的端午节俗，和中原上古的文化发展同样有着内在的联系。

在中国上古文化传统中，“射”自来就有非常久远的历史和非常高的地位。

上古神话中有“羿射九日”的传说，足见“射”的文化起源之早。考古资料表明，早在旧石器时代人们已经掌握了射箭的技术。公元前1万年前，人们已经使用石头、骨头、玉石等制成的箭头。有些箭头还具有鱼钩般的倒钩。甲骨文中有“三百射”、“射”、“多射”的字样，可见当时已经有特殊的弓箭部队。在西周时代，射箭除了用于军事和狩猎，还被用于宗教祭祀、外交会盟。在学校教育中，习射也非常受重视，是古代“六艺”亦即“礼、乐、射、御、书、数”中的一个重要的科目。王昶《戏论》称：“惟有射者，男子之事，在于六艺。若欲戏，惟得射而已。其余不得为也。”诸侯贡献于周天子的“士”，也需要有善射的本领。《礼记·射义》云：“古者天子之制，诸侯岁献贡士于天子，天子试之于射官，……是以诸侯君臣，尽志于射，以习礼乐。”周代尚礼，还有专门的“射礼”。“射礼”是礼仪程序化的射箭项目。按照不同等级、不同场合分为“大射”、“宾射”、“燕射”、“乡射”等四大类。射礼的整个程序非常复杂，这里不多涉及。射箭作为“文武”两道的“武道”文化，在中国古代有着悠久的历史和非常高的地位。古代源远流长的“射”文化，为端午“射柳”习俗的成立，提供了重要的基础。

弯弓射箭的清朝士兵图　fotoe/供图

还想补充一点，那就是北方端午骑射风俗的形成，很可能早在隋唐以前。为了说明这一点，我们这里要大略谈一下古代日本的端午节俗。

古代日本的驹牵仪式

日本史书中关于端午最早的记载见于《日本书纪》推古天皇十九年（公元611年）。

> 夏五月五日，药猎于菟田野。取鸡鸣时集于藤原池上。以会明乃往之。粟田细目臣为前部领，额田部比罗夫连为后部头。

出行狩猎，特别是天皇出猎，在古代日本是一种拥有特殊意义的活动。这一行动含有宣示领域的占有和支配权的意义。但五月五日的药猎与一般的天皇出行狩猎有明显区别。日本古代的药猎，主要内容一是采集山野的药草和猎取可以成为药材的鹿茸，二是部勒士兵、训练骑射。文武天皇大宝元年（701年）五月五日，天皇“令群臣五位以上出走马，天皇亲临焉”（《续日本纪》）。到8世纪初，这一习俗已经演化成一套非常完整的宫廷行事。作为国家节日的五月五日的习俗，其内容已经发展成为由四月二十八日的驹牵（牵回端午所专用的马匹）、五月五日、六日骑射、走马、奏乐等构成的综合行事体系。弓、马与成为狩猎对象的鹿在日本古坟时代的壁画中多有登场。日本福岛县西白河郡矢吹的泉崎四号古坟就描绘有骑马射鹿的场面。所以尽管没有直接的史料记载，奈良时代药猎行事的猎鹿，亦可推定是骑猎。因此在五月五日的综合行事体系中，四月二十八日的驹牵、五月五日、六日骑射、走马可以说是和奈良时代的药猎一脉相承。当然，五月五日有这样多与马有关的行事内容，还和端午的“午”为马有关。

公元611年，时当中国的隋朝。早在这一时期日本已经形成的药猎的习俗和后来承此而形成的驹牵、骑射、走马、奏乐等习俗提醒我们一个可能性，即史籍中唐末才出现的端午骑射之俗，很可能在唐以前已经存在。我们很难想象公元611年在日本刚刚出现端午记载的时候就出现的药猎，完全是古代日本人按照日本自来的风俗独立创出的。药猎是北方民族广泛流行的习俗。《三国史记》（成书于1145年）卷四十五载“高句丽常以春三月三日，会猎乐浪之秋。以所获猪鹿祭天及山川神。至其日王出猎，群臣及五部兵皆从”。并且我们知道，日本最早采用的中国古代历法，是南北朝刘宋的《元嘉历》，在南北朝时期，日本曾经和中国以及朝鲜半岛有过多次使节往来。把这些因素结合起来考虑，更大的可能是，这是从大陆传来的。如果是这样，那么北方端午骑射风俗很可能早在唐以前就已经形成。

对于北方的射柳之俗，古书中有很多生动的描述。唐末的记载见于庞元英《文昌杂录》，记载唐时端午日赛马，并有一个特殊的称呼叫“躤(jí)柳”，还有一个称呼叫“扎柳”。这个“躤”和“扎”取的大概和“踏百草”的“踏”是同一个意思。这一天全国的军士都参与这一活动，比赛时要“笼鸟于旗杆，走马用射”，但为什么“笼鸟于旗杆”和具体怎样射，并没有详细交代。要明白个中道理，得参考一下后来辽代的习俗。辽俗中也有这一活动。《偃曝余谈》记载说，辽代习俗是把鹁鸪放置到葫芦中，再悬挂在柳树上。下面的人弯弓射之，箭矢射中葫芦，鸟就会飞出去。谁射的鸟最后飞得高谁是赢家。辽人射鸟往往都选择在清明节和端午节，当时称这种活动为“射柳”。

射柳之俗在金国亦有流传，不过有一定的变化。《金史》载：“大定三年五月乙未，以重五幸广乐园射柳，胜者赐物有差。又云重午御常武殿，赐宴击毬。”对于金人射柳，清人朱彝尊《日下旧闻》介绍得更为详细，其云：“金因辽俗，重五日，插柳球场为两行，当射者，以尊卑序，各以帕识其枝。去地约数寸，削其皮而白之。先以一人驰马前导，后驰马，以无羽横镞箭射之。即断柳，又以手接而驰去者为上，断而不能接者次之。或断其青处及中而不能断与不能中者为负。每射，必伐鼓以助其气。”射柳要击鼓鼓舞士气，看来金人的射柳更为郑重其事。原本作为射的之鸟笼，在这里变成了柳树枝。每个人选定自己要射的柳树枝，在上面拴上手帕，再用箭头上有横刃的无羽箭射之。胜负则不仅看是否射断柳枝，还要看射中后能不能飞马前去接住射中的柳枝。这一来比拼的就不仅是射箭，同时还比拼谁的骑术高明。说来射柳射柳，所射者柳。我怀疑金人射柳的做法可能更接近最早的射柳习俗。

射柳的习俗在明清时代仍旧流行于北方。典籍中多有记载的“剪柳之戏”，实际上就是指射柳。《明史》记载，永乐十一年五月五日，明朝永乐皇帝驾幸东苑“击球射柳，听文武群臣四夷朝使及在京耆老聚观”。当时是分击球官为两部分，自皇太孙而下诸王大臣以次击射，赐中者币帛有差。可知永乐时宫中仍有击球射柳之制。《万历野获编》亦载明代端午节俗云:“原京师最重午节，天坛游人极盛，联镳(biāo)飞鞚(kòng)。豪门大贾之外，则中官辈竞以骑射为娱。盖皆赐沐请假而出者。内廷自龙舟之外，则修射柳故事。其名曰‘走骠骑’，盖沿金元之俗。命御马监勇士驰马走解，不过御前一逞迅捷而已。惟阁部大老及经筵日讲词臣，得拜川扇香果，诸赐视他令节独优。”北方五月正是万物欣欣向荣的季节，所以，射柳之外，端午也是人们出门踏青的日子。当时北京人踏青的地方，也因时有所变动。清人《咏归录》记载说：“燕京以五月五日游天坛松林、高梁桥柳林、满井藤阴，结伴携觞者甚众。近咸集于金鱼池上，他处皆阒(qù)寂矣。”满清一朝，文化上上承女真人“射柳”习俗。潘荣陛《帝京岁时纪胜》“天坛”条载：“帝京午节极胜游览。或南顶城隍庙游回，或午后家宴毕，仍修射柳故事，于天坛长垣之下，骋骑走邂。” 项维贞《燕台笔记》于清代北京射柳、决射之俗也有记载。而清人吟咏端午节的风俗诗中，也有很多有关射柳的诗句。可以说，射柳在清代曾是一项非常普及的活动。

俗云："南人驶船，北人乘马。"竞龙舟和赛骑射实际上是端午节与南北中国的风土相适应而出现的不同的展开。我们看从唐末到辽金北中国一直流行的端午射柳习俗，有着很鲜明的特色。它们都与骑射有关，唐俗被射的靶子是盛鸟的器具，射成则鸟得以飞出。想象一下箭及于鸟笼或葫芦，却又不能伤及器物中的鸟儿，这需要怎样的高超的骑射手腕。金俗又于射柳之后，发展出接柳的做法。射柳比的是张弓之技，迅速冲到树下接起断柳，比的则是御马之术，从这些记载中，我们可以看到北方民族高超的骑射本领有过一个怎样出神入化的境界。

4. 斗石之争

在这些依照模拟巫术的法则衍生出来的"斗"与"争"中，最有趣的要数"克仗斗石"的风俗了。2003年第3期《民俗研究》刊登了曲彦斌先生的《宝鞍山端午节"克仗斗石"民俗探析》的论文。文章基于踏实的田野调查，对东北某地端午节械斗性"克仗斗石"做了非常详尽、生动的介绍。

依照曲文的介绍，当地有宝鞍山和望宝山两座非常平常的小山丘，两座山头，坐落在宝鞍山两侧的荣王屯和芳台窝堡村，是分属于相邻接壤的两个市、县和乡镇的邻村。两村汉、满、蒙族杂居，多年来两村的各族村民一直和睦相处，可谓精诚团结，相扶相帮。然而，一当到了端午节"克仗斗石"这天，可就不分民族、不论亲疏远近了，你只要是站在那个山坡的"克仗斗石"人群之中，就是亲爹走错站到了对方的人群里，也免不得被"克"。

当地方言的"克"就是打。许多年来，"克仗斗石"通常首先都是在早晨。先由一些十一二三岁的男孩子们到山下相互"叫阵"，一边"叫阵"一边扔石头玩儿。大约10点钟之后，再由年纪稍长一些的小伙子们陆续把他们换下阵来，开始正式“克仗斗石”。但这仅仅才是下午正式“克仗斗石”的“预演”和序曲。约莫到了11点靠近晌午时分，双方就会自动停“克”，各自回村吃过节饭。直到午后大约两点以后，几乎全村便都停犁、挂锄，连一些小商业门点也都关门，纷纷上山去。两村通往山上的各条小路，男女老少人流络绎不绝，有兴冲冲去参加“克仗斗石”的，更多的是去为本村一方“站脚助阵”和看热闹的。起初的“克仗斗石”只是两村村民以石为兵、相互攻占对方的山头，如不尽兴，双方商量再拉开一定距离，开始再一轮的“克仗斗石”，如果万一“被俘”了，就被多人拉起四肢在山顶上“蹾屁股蹲儿”，大家一阵戏谑、哄笑之后散去。当地把用来“克仗斗石”的石头称作“镖”、“飞镖”，“克仗斗石”的双方都有自己最能“克”的“镖头”。“镖头”往往技术好，冲在最前面，掷出去的“镖”嗡嗡作响。这时，年龄稍长的男子和一些年轻妇女还积极给“前线”运送“克仗斗石”用的石块，前呼后拥的人群随着“克仗斗石”队伍的进退而进退，或是忽左忽右地涌动。通常情况下，到下午4至5点钟左右，形成“克仗斗石”的高潮，高潮过后自行结束。山沟间有一眼泉水，控制了泉眼的一方，也就得到了饮水和稍事休息的机会。汗流浃背的“克仗斗石”者，便可俯身去饮泉水。在宝鞍山南坡和望宝山北坡，一时间，乱石横飞，铺天盖地，稍有躲闪不及，就难免头破血流。据说，在端午节这天进行械斗性的“克仗斗石”活动，数十年、上百年屡禁不止、延续不断，而且打伤之后不记仇、不报复。“克仗斗石”的第二天，两村的村民往来如常，亲热如故，一切又都恢复了往日的平静生活，就像任何事情都没有发生过似的。但近些年进而发展成为附近村庄、邻近城镇乃至大都市的人都赶来参与的大型活动，往往多达一两万人之众。由于势态、规模的不断扩大，尽管对当地的生产、生活带来了一定的负面影响，但当地许多居民对此表现得并不十分反感，似乎还以此为“一景儿”来炫耀，一些人还乐不得一年一度地“看热闹”。

这是东北某地每年发生石战的战场。曲彦斌/供图

当地这种奇特的端午节“克仗斗石”民俗始于何时，并未见地方史志等文献记载。按照曲彦斌的调查访谈，有的村民说，他如今已九十多岁的奶奶从记事儿起，就经历过这事儿，少说，也该有一百多年历史了。还有的说，已经是延续三百多年的过端午节习俗了。据两村七八十岁的老者们回忆，从“老满清”、伪满洲国、国民党和共产党拉锯，从土改、合作化、文化大革命，一直到现在，只有1960年和1961年人们饿得抬不起脑袋时才暂停了两年。还有两次因初五这天下雨，是顺延到初六“克”的，那是1989年和1996年的两个端午节。除此之外，这里的“克仗斗石”从来就没有停止过。“文革”期间，当地曾有人抬着毛主席像，举着毛主席语录牌，打着红旗，列队于两山之间，试图以此来阻止双方例行的“克仗斗石”。结果在双方的飞石乱击之下，不得不喊着“下定决心，不怕牺牲”的口号，护卫着毛主席画像撤下山去。

1991年的端午节“克仗斗石”时，荣王屯村前街村民朱某，头戴一只“柳罐斗”(一种柳条编的安全帽)冲在最前面，结果被芳台窝堡村方面掷来的石块打碎了“柳罐斗”，伤了头部，多年来经常“抽疯”，一“抽疯”就得用双手捂住双眼，否则两个眼球就会掉出来。经沈阳等地医院检查诊断，说是由于脑中淤血压迫神经引起的症状。然而，当近几年他这症状有了好转之后，每逢端午节仍要上山去观看那一年一度的“克仗斗石”，兴趣不减当年。[5]

实际上，曲文所介绍的这种端午“克仗斗石”，历史上曾经在中国、朝鲜半岛、日本等东亚地区广泛流行，是拥有悠久传统的古俗。古代东亚“克仗斗石”的时间，主要集中在端午和正月。从古而今，相关的记载也很多，范围上见于南北中国的这种特殊民间风俗，早在20世纪初便已经进入中国学者的研究视野。1929年《民俗》第68期发表的张文焕

《闽南正月的风俗》对福建闽南地区的“克仗斗石”之俗就有很详细的介绍。在日本，克仗斗石被称为“飞礫(zhé)”、“阴阵打”，相关记载出现得非常早。《扶桑见闻私记》记载了镰仓建久五年（1196年）日本端午斗石的情况：五月五日，为庆祝端午佳节，大小官员都出席了“阴阵打”（即克仗斗石）。两群不同街道的十五岁以上十七岁以下的儿童各七八十人分列左右开战。他们以石头互击，或头破或血流或眼溃，“多戴朱者”。记载镰仓幕府历史的重要文献《吾妻镜》神社祭礼条，记录有禁止在诸社祭祀时喜好武勇的无赖之辈“类好飞礫，次以刀剑相伤”，但同时规定，所禁的只是“武艺”，而“飞礫”不在禁限之内。在朝鲜半岛，《高丽史》记载：“国俗于端午，市井无赖之徒群集通衢，分左右队手执瓦砾，杂以短梃而决胜负，此之谓石战。”高丽王辛禑六年五月，辛禑想看石战，知由事李纯性谏曰：“此非上之所应见。”禑不悦，使小姓殴打纯性。纯性趋出，禑取弹丸射之。最后辛禑还是去看了石战。《李朝实录》不仅记载有世宗观看石战的事情，而且还有来自中国明朝的使者在朝鲜参观“石战”的记录。看来当时朝鲜的克仗斗石已经非常有名，连远来的明朝使者都想一睹为快。[6]

端午斗石的习俗，今天仅见于辽宁宝鞍山端午节，但类似的习俗我们还可以举出成都端午旧有的打李子习俗。在四川成都，端午原来有打李子习俗。在端午那一日，很多人买很多李子，带到城东南角城楼处，用李子对打。据说打斗的场面非常激烈，观者达数万人。1895年，因为打李子一事与外国传教士发生了冲突，这一习俗才为清政府禁止。

如前所述，端午这一系列以争斗为核心内容的节俗现象背后，实际上都潜藏着古代的巫术式思维方式。比如克仗斗石选择端午和正月举行，就是想通过人为的努力，促进阴阳相交。克仗斗石选用石头为争斗的武器，也不是偶然的。《初学记》记载石头是“阴中之阳，阳中之阴”，并引《物理论》云“土精为石，石，气之核也。气之生石，犹人筋络之生爪牙也”，要思考端午模拟“阴阳争”为什么选用石头，这里记载的

"阴精辅阳"的石头是"阴中之阳，阳中之阴"的"气之核"，正是非常重要的线索。这些做法背后的观念很可能是不科学的，但了解了古人的想法，我们就看到了他们看似纷乱的行为背后的秩序；我们就可能知道，古人为什么会这么选择、为什么这么做。

（三）铸剑造镜的圣日

白居易《讽谏百炼篇》云：

江心波上舟中铸，五月五日日午时。

背有九五飞天龙，人人呼为天子镜。

唐朝的扬州，每年要向朝廷贡端午日江心所铸镜。这就是白诗所写的天子镜。古代端午节，曾是铸造宝剑和宝镜的重要日子。这是因为古人认为，五月五日端午所铸造的剑和镜，自有几分神奇的力量。

说到扬州贡镜的缘起，话题就回到了本书引子中讲的那段水心镜的故事。《镜龙记》所记载的故事读来有些玄虚，但《旧唐书》记载"扬州每年贡端午日江心所铸镜"，可是确实曾有的。说到铸剑，《云笈七签》云："天台道士刘芳瀛师事老君，精修介洁，早佩毕道法箓。常以丹篆救人。与同志弋阳县令刘翙(huì) 按天师剑法，以五月五日就弋阳葛溪炼钢造剑，敕符禁水，疾者登时即愈。"天台道士刘芳瀛这把宝剑，之所以可以驱邪治病，和它铸造于五月五日不无关系。

铜镜和宝剑在中国都有数千年的使用历史，他们既是生活用品，被用来饰容、防身，又和一般的生活用品不同，被认为有驱邪辟邪的功能。直到今天，我们仍能在乡村人家看到挂在房檐上的镜子，而很多人家中厅会挂一把宝剑。如果有心人前去打听一下，那大都有一份辟邪的意思在里面。铜镜据说是古帝轩辕所造。任昉《述异记》云："镜湖，世传轩辕氏铸镜湖边，因得名。今轩辕磨镜石尚存，石畔常洁，不生蔓草。"又有一种传说说是黄帝所造。据说他总共造了十五面宝镜，在饶州还保

唐代龙纹镜

留有黄帝当年磨镜子的石头，上面据说至今也是蔓草不生。把这些传说放一边，从考古学来看，今天考古工作者已经在4000年前的齐家文化遗址发现两面铜镜。这证明我们的先民使用铜镜确实有漫长的历史。剑最初据说也是“黄帝所造”。在大汶口文化遗址，考古工作者发掘出来的就有环柄骨制短剑。在商代遗址中有为数不少的青铜剑出土。说明这个时代，青铜剑已经很广泛地被使用。尽管商代出土的铜镜数量有限，但大量青铜质地的文物出土，证明中国古代的铸造工艺在商代已经达到相当的水准。而经过春秋战国文化的发展，到了秦汉时代，镜和剑早都已经是被普遍使用的生活道具和武器了。

李义山有诗云：“我闻照妖镜，及与神剑锋。寓身会有地，不为凡物蒙。”古人的观念中，剑与镜，都具有某种神奇的力量。关于剑，不妨讲一个晋代流传的关于宝剑干将、莫邪的传说做例子。据说当时经常有紫气夜晚出现在斗牛之间，宰相张华找来雷焕询问，雷焕回答说，是剑之精气上彻于天。按照古代的分野说，和天上斗牛之间相对应的是豫章丰城。张华于是派遣雷焕到豫章做县令。雷焕果然在牢狱地下找到了盛有双剑的石函。当夜斗牛之间的紫气就消失了。这两把宝剑后来由张、雷二人各持一把。张华死后，剑不知去向，雷焕死后，其子佩剑出行，过延平津时宝剑居然自己从腰间跃入水中。从者下水寻剑，看到水中二龙蟠舞，惊波骇浪，须臾而逝。在这段故事中，宝剑的剑气居然可以上冲云霄，宝剑入水居然可以化为蛟龙。有关镜子的故事更多了。唐传奇中王度就有一篇有名的《古镜记》，通篇叙述一枚宝镜的神奇力量。

宝剑和宝镜之所以有神奇的魔力，归根结蒂在于铸造者为它们注入了天地造化的力量。这份力量，首先来自锻炼。曹操《内诫令》云："往岁作百辟刀五枚，吾闻百炼利器，辟不祥，慑服奸宄(guǐ)者也"，古人认为钢铁经过百炼，自有神奇的力量，可震慑鬼怪、祛凶避邪，所以能够给主人带来平安吉祥。锻炼之外，巧妙而成功地借助了天地间阴阳变化的力量，也是剑与镜得到天地造化之力量的重要手段，这就是古人选择特殊的日子铸剑造镜的原因所在。

拿造兵器说，王粲《刀铭》云："相时阴阳，制兹利兵。"要铸造具有神奇力量的宝剑，制作的日子上就要讲究"相时制兵"。在古人看来，对天地间的阴阳变化影响最大的，是日和月。《管子·四时》讲到："日掌阳，月掌阴，星掌和。阳为德，阴为刑，和为事。是故日食则失德之国恶之，月食则失刑之国恶之。彗星见，则失和之国恶之。……是故圣王之国，日食则修德，月食则修刑，彗星见则修和。"可见在古人眼中阳和德同属，阴和刑同属，而日月关乎阴阳德刑。所以铸造兵器首选的好日子，当然就是月食之日。月食之日，阴刑之气最弱，阳气盛极溢于九霄，这时所制兵器，自然不是凡兵之属。古人选月食日造神兵，这在历史上是有据可查的。《汉书·韩延寿传》就记韩延寿"取官铜物，候月蚀铸作刀剑钩镡(xín)，放(仿)效尚方事"。

不过，月食之日不常见，并且预测起来并不容易。除了月食之日，还有一个制作刀剑的好日子，这就是每年的五月丙午。葛洪《抱朴子·登涉篇》："以五月丙午日日中，捣五石，下其铜……取牡铜以为雄剑，取牝铜以为雌剑，各长五寸五分。带之以水行，则蛟龙、巨鱼、水神不敢近人也。"五月丙午在古人眼中也是制造铜镜的好日子。王充《论衡》曰："阳燧取火，方诸取水。二物皆当以形势得。阳燧若偃月，方诸若圬(wū)杯，若二器如板状，安能得水火也。铸阳燧，用五月丙午日午时，炼五色石为之。形如圆镜，向日即得火。方诸，以十一月壬子夜半时，

《天工开物》中的冶炼图

炼五色石为之，状如圬杯，向月即得津水。”《搜神记》云：“夫金之性，一也。以五月丙午日中，铸为阳燧，以十一月壬子夜半，铸为阴燧。则就日月出火出水。”阳燧是形制近似凹透镜的一种铜镜。古人认为用这种镜所取者为日之火。《淮南子》云：“夫阳燧取火于日，方诸取露于月，”这些记载足为汉人以五月丙午日为铸造镜子的嘉日的证明。

对于了解古人有关五月铸镜造剑的情况，古代出土的古镜、古剑上的铭文，也会给我们提供很多重要线索。

古代铸造镜和剑，上面经常刻有铭文。这些铭文内容丰富，展示着那个时代人的信仰和思想。汉代出土铜镜上的铭文，有的刻写着“与天无极，与地相长，欢乐未央，长毋相忘”，还有“大乐未央，长相思，愿毋相忘”，这是祈求长寿和友情的。还有“尚方作竟（镜）真大好，上有仙人不知老。温饮玉泉饥食枣，浮游天下敖四海，寿如金石为国保”，温饮玉泉饥食枣，说的都是汉代安期生等神仙故事，这是反映那个时代神仙思想的。还有“汉有善铜出丹阳，和以金锡清且明。左龙右虎主四彭。朱爵玄武顺阴阳”。丹阳是汉代最好的铜的出产地，《神异经》曰：“丹阳铜似金，可煅以作错涂之器。”丹阳在汉豫章郡，出好铜。历史上有名的“吴楚七国之乱”的发动者之一吴王刘濞(bì)，据说当年就是因为“铸山以富，共国钱布天下”，才起了不臣之心。因此“铜出丹阳”强调的，是造镜用的是最好的材料。我们先来看一下相关的刀剑铭。顾蔼吉撰《隶辨》载“元嘉刀铭”云：“元嘉四年五月丙午日，造此铜官刀，长四尺二寸（下阙二字）宜侯王，大吉羊。”1974年山东苍山出土一把东汉铁刀，刀上亦有错金铭文云：“永初六年五月丙午造卅湅大刀吉羊宜子孙。”这些刀剑铭文中共同出现“五月丙午日”，很显然不是偶然的。和丙午相关的镜铭也有很多。比如有一枚汉镜的铭带刻写着：“元兴元年五月丙午日天大赦，广汉造作尚方明竟，幽湅三商，周得无极，世得光明。长乐未央，富且昌，宜侯王，师命长，生如石，位至三公，寿如东王父、西王母、仙人子，立至公侯。”另一枚魏晋时期的铜镜刻写着：“永安四年太岁已巳五月十五日庚午，造作明镜，幽湅三商，上应列宿，下辟不祥，服者高官，位至三公，女宜夫人，子孙满堂。亦宜遮道，六畜潘伤，乐未央。”天津市艺术博物馆藏汉镜铭文为：“五月五丙午火燧可取天火除不祥兮。”还有一面在日本京都府福知山市的广丰古坟出土的“三角缘神兽镜”，这枚铜镜的后面用隶书体逆时针方向刻有如下铭文：

> 景初四年五月丙午之日，陈是做镜，吏人铭之，位至三公，母人铭之，保子宜孙，寿如金石兮。

可知这枚在日本出土的镜子，制作时间也是五月丙午。顺便说一下，这枚古镜也是中日学术界在古镜研究领域争论的一个问题点。它关系到日本的古镜是纯粹从中国输入，还是在日本本土也有铸造。现在一般认为这枚镜子可能还是日本人或渡海到日本的中国工匠在日本所制。支持这一观点的理由主要有二：一是中国历史上曹魏明帝景初的年号只用了三年(237—239年)，并没有景初四年。这种常识性错误不可能产生于中国。二是和“吏人铭之”相对举的“母人铭之”的“母人”，用后来写汉诗的日本人的话说，这种用法颇带“日本汉语”的味道，是日本人对中国话想当然的错用。因为迄今为止，尚无人在中国古典中找到“母人”的提法。

在上述古刀剑与古镜的铭文中，月日上大量出现了“五月丙午”的字样，时辰上大量出现了“午时”的字样。问题是古人铸镜造剑的时间，为什么特别选择五月丙午午时呢？这与“五月丙午午时”这一时间在阴阳五行学说为背景的古代时间体系中的位置有关。

五月正如《礼记·月令》“是月也，日长至，阴阳争，死生分”所记载，是夏至之月，是天地间“阴阳争，死生分”的重大变化的月份。依照汉人的观念，五月于律为“蕤宾”。《玉烛宝典》引班固《白虎通》对此解释说：“蕤者下也。宾者敬也。言阳气上极，阴气始起，故宾敬之也。”也就是说，五月是阳气最盛的月份，也是阴阳消息变换的月份。许慎《说文解字》释“午”云：“悟也。五月阴气午逆阳冒地而出。”这

三角缘神兽镜及铭文

一阴阳变化，现实的依据正是夏至。但是，古人相信阴阳五行之说，所以他们心目中的时间的转折点，是丙午日午时。五月五行属火，丙与午于方向并属南，于五行也并属火。在古人的观念中，五月丙午日午时，在月日时上都得一个“火”字。所以在丙午日午时，一年的阳气会达到极致。过了午时这一时辰，阴气就会起来，天地之间阴阳就已出现变化。也就是说，天地间的阴阳变化，是在五月丙午日的午时出现。按照汉人的看法，从阴阳角度而言，因为“阴阳同气相动”，即物物之间有感应的关系，纯阳之天时所铸之镜，会拥有太阳纯阳的力量，所以铜镜铭文中强调这些镜子可以驱除不祥。按照五行的角度，“以火胜金”可以“转祸为福”(《后汉书·郎𫖮传》)。能在五月丙午日午时获得天地纯阳之火铸器，所铸造的器物，当然具备特殊的“转祸为福”的力量。

在古代的铸镜铭文中，除了五月丙午日，我们还可以看到“正月丙午日”。比如有一条铭文写道：“建宁二年正月二十七日丙午，三羊作明镜自有方，白同清明复多光，买者大利家富昌，十男五女为侯王，父妪相守寿命长，居世间乐未央，宜侯王乐未央。”还有一条铭文写道：“熹平二年正月丙午，吾造作尚方明竟兮，幽涷三商，州刻无极，世得光明，买者富贵，长宜子孙延年兮。”选择一年正月丙午的缘故，无非也是因为正月也被看成是阳盛之月，所以正月丙午日，也宜于铸器而已。

道理上说，五月丙午日是铸器最好的日子。但古代以干支纪日，六十干支一周回，一年至多有一个五月丙午，而且有的年份五月没有丙午，最多时连续六年没有丙午。但刀剑器物不时须作，所以古人不可能拘泥于只在每年的五月丙午日铸器。庞朴先生推测，很多铸器上尽管铭记“五月丙午”，但实际上有的根本就是吉利话，原器并不是丙午日所造。另一方面，到了汉末，中国古代的时间体系开始出现定型。端午节作为复合型节日，开始不断地吸纳进了中国古代时间体系中五月时间段的众多要素。五月丙午日铸器的传统，也就渐渐被纳入端午节俗之中。到后来五月丙午日午时铸器的习俗，时间上就演化成五月端午日午时。我们前引的《云笈七笺》和《镜龙记》的记载，就是这一转变的明证。

端午铸器，后来成了诗人墨客常用的典故。古代时到端午，朝廷多有宴赏。端午宴上，也是文人墨客施展才华的时候。宋代端午宴上，很多诗人写诗，就都使用端午铸镜的典故。洪迈《容斋随笔》讲到，端午的典故中，没有比屈原传说更好的。可是这个故事不够吉祥，不宜用来施诸祝颂，所以很多人更多使用的，还是扬州进水心镜的故事。他说到："唐世五月五日，扬州于江心铸镜以进。故宋朝翰苑撰端午帖子词，多用其事。然遣词命意，工拙不同。"《容斋随笔》中列举了王禹玉、李邦直、赵彦若、许仲元、苏子由等诗人的作品，内容大概不外颂德称瑞之作。只有苏东坡作品不同：

> 讲余交翟转回廊，始觉深宫夏日长。
> 扬子江心空百炼，只将《无逸》监兴亡。

这首诗和白居易的"太宗常以人为镜，监古监今不监容。乃知天子别有镜，不是扬州百炼铜"，有异曲同工之妙。因为苏诗别具锦绣之心，诗含讽谏之意，所以洪迈称"其辉光气焰，可畏而仰也"。洪迈最后讲到，自己也曾就端午铸镜事撰写过一副对联，道是："愿储医国三年艾，不博江心百炼铜。"这副对联，命意文采，俱有可观。但他自谦说，其与苏诗、白诗，"去之远矣"。

（四）采药、制药与炼药

在古代，端午是采药储药的节日。

古代登高和临水，都有特殊的时间，比如上巳节去水边祓禊（fú xì），重阳节去高山插茱萸。正如《礼记·月令》所称，"仲夏可以居高明，可以远眺望，可以升山陵，可以处台榭"，和三月上巳、九月重阳这些单向的宜赴水滨或宜于登高山的节日不同，端午的活动范围比较自由，它是既宜登高又宜临水的日子。也是外出采药、“踏百草”的日子。当然这也是古人郊游的重要日子。《荆楚岁时记》端午条引《夏小正》“此月蓄药，以蠲除毒气”，并云：

是日竞渡，采杂药。荆楚人并踏百草。

杜注云：“是日竞采众药。”《梦粱录》：“采百药或修制药品，以为辟瘟疾等用，藏之果有灵验。”在古代诗歌中有很多反映采药之俗的诗句。有关端午采药之俗的记载，各个地方志之中也所在多有。《监利风俗志》记：“端午采百草。”河北《永平府志》记：“(端午)采百草制药，汤沐……不竞渡，或斗百草饮酒而已。”张焘《津门什记》记天津风气：“端午采百草为膏。”类似的记载可谓不胜枚举。就中《桐庐县志》载：“五月五日，医家咸于午时采药。相传此日天医星临空门也。”这种“天医星临空门”的说法，当然是后人编造出来的。从文献记载上看，端午确实很早就和药连接到了一起。而“天医星临空门”这样的说法，也只有在这种习俗风土中才可能产生和流传。

端午之所以和药结下不解之缘，这和中国古代的中医思想相关。古代最初医与卜关系密切。所以《周礼》之中，医属天官，医师职掌医政。他们的工作就是“聚毒药”以“共医事”，治疗人们的疾病。而古人认为，“春时有痟首疾，夏时有痒疥疾，秋时有疟寒疾，冬时有嗽上气疾”，也就是说四时各有流行的疾病，这些疾病和一年的阴阳五行变化直接相关。因而治疗这些疾病，自然也要按照阴阳五行的道理，即所谓“以五味、五谷、五药养其病，以五气、五声、五色眡其生死。两之以九窍之变，参之以九藏之动”的原则来治疗。既然如此，每年端午这样阳气最盛的日子、火气最盛的日子，当然是采取阳性的、火性的药草和炼制最阳性的、火性的中药最好的日子。因为如此，选择这样的日子所采的药，也被看成具有特殊的药效。

端午所采之药，品类极繁。众药之中，这里只重点说一说其中一少部分。

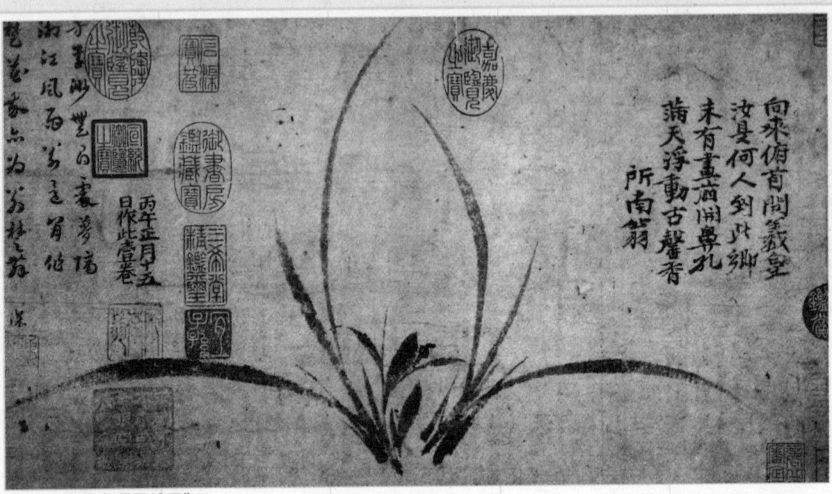

南宋·郑思肖《墨兰图》

1．兰

端午一名“浴兰令节”。因为古人认为兰草有“杀蛊毒，避不祥”的妙用，所以早在《夏小正》中已经有端午日“蓄药（一作兰）以蠲除毒气”的说法。《大戴礼》亦云：“午日以兰汤沐浴。”《楚辞》称：“浴兰汤兮沐芳华。”北朝习凿齿《与褚常侍书》云：“故府渚下，见法曰浴足下及江州，五月五日共渗浴戏处，感想平生，追寻宿眷，仿佛玉仪。想往日与足下及江州，五月五日共浴戏，追寻旧约。”此俗历代相沿，唐韩鄂《岁华纪丽》云：“五月为浴兰之月，端午为浴兰令节。”

兰在古代人的知识里，是可以除秽的芳草。浴兰除秽之俗，流行遍及大江南北。《广东新语》云：“五月浴女兰汤。”江苏《如皋县志》载：“端午采泽兰煎汤沐浴，昔人谓浴兰汤者是也。”药浴之俗即成，有的地方还有使用其他药材的。《揭州县志》就记载“……采百草汤以浴身，汲水注之，谓之节水。经久不败”。《琐碎录》云：“五月五日午时取井水沐浴，一年疫气不侵。俗采艾柳桃蒲，揉水以浴。”《岁时时记》云：“京师人以桃柳心之类，燂(tán)汤以浴，皆浴兰遗俗也。”《建昌府志》：

“午日用百草水浴，谓不生疮。”湖南《宁远县志》记载宁远一带，“初五日端阳，并买各种药品，煎水沐浴，云可避灾疫”。

浴兰之俗在后世有多种演化。《古今图书集成·历象汇编·岁功典》引广东怀宁地方志介绍，广东怀宁端午时，妇人们用水浸泡残花抛掷街头，据说这样是为了“送赤眼”。广东从化地方则在端午烧符水洗眼，然后把剩水抛掷街头，说是“送灾难”。

又《江宁府志》记载江宁地方端午节各家都准备一盆清水，清水中加入少许雄黄，再加上两枚小钱（俗称鹅眼钱），然后一家大小皆用这水洗眼睛，称作“破火眼”。洗毕，将水抛到各处。这些都可以与端午蓄兰浴兰的习俗联系到一起。

2．艾草

《荆楚岁时记》：“宗则，字文度。常在五月五日，鸡未鸣时采艾。”采艾草是直到今天民间仍然广为流传的端午节俗。

艾草属于菊科草本植物，叶多且有银灰色光泽。中医认为艾草味苦，性辛温，入肝、脾、肾经。陶弘景《名医别录》云：

> 艾叶，味苦。微温。主灸百病。可作煎，止下痢、吐血。下部虫匿疮、妇人漏血，利阴气，生肌肉，辟风寒。使人有子。一名冰台，一名医草。生田野。三月三日采，暴干。作煎勿令见风。又，艾，生寒熟热，主下血、衄(nǜ)血、脓血痢，水煮及丸散任用。

中医中，艾草作为中药材被广泛应用于妇科众多疾病的治疗，同时和苍术、白鲜皮等合用，水煎以疗湿疹瘙痒。民间偏方中也有很多使用艾草的方子。比如用艾叶和生姜熬水，主治风寒，嚼食生艾可治凉食腹疼，儿童长痱子可用艾草煮水洗澡治之等等。艾草能够医治疾病是有科学道理的。科学研究证明，艾草的科学成分含有挥发油、维生素A、维生素B、维生素C、维生素E，以及糖、鞣酸、矿物质等等。针灸疗法是中国古代医学的重要组成部分。而中医针灸之法的灸法所使用的主要燃料就是艾草。中医用艾草叶阴干揉碎的艾绒做成艾条，在针灸时使用。陶弘景称艾草又名冰台。这也是很早就有的叫法。《尔雅》即别释艾草名为“冰台”。关于“冰台”这一称谓的来源，宋人陆佃《埤(pí)雅》云：“《博物志》言削冰令圆，举而向日，以艾承影则得火。则艾名冰台，其以此乎？”使用铜镜取火也使用艾草。《淮南子·天文》云：“阳燧见日，则燃而生火。”汉人高绣注云：“阳燧，金也。取金杯无缘者，热摩令热，日中时，以当日下，则燃得火也。”许慎注《淮南子》“阳燧取火”云：“日高三四丈，持以向日，燥艾承之寸余，有顷焦，吹之而得火。”以圆冰或铜镜向日所取的火，古人称为天火。在灸法之中，这种火被看成是最好的。汉末以后成书的《黄帝虾蟆经》云：“太上阳燧之火以为灸，上次以碏(jiē)石之火常用。又槐木之火灸，为疮易差。无者膏油之火，亦嘉。”灸法以用天火为上的说法，在此后的医书诸如陈延之《小品方》、王焘《外台秘要》、徐春甫《古今医统大全》、李时珍《本草纲目》中均有记载，可见是中医的通识。而取天火时，通常使用的，就是艾草。由此看来，灸法使用艾草，首先很可能和我们先民最早利用凸透镜原理取火使用艾草，以及认为这种直接从太阳那里取到的“天火”疗病最佳的观念有相当的联系。针灸使用艾草，还有一个重要的原因，就是古人认为除却艾草，其他的植物很多都有相应的副作用。《黄帝虾蟆经》又云：

插艾叶　沈宇/摄于陕西合阳

松木之火灸即根深难愈。柏木之火以灸即多汁。竹木之火以灸即伤筋，多壮筋绝。橘木之火以灸即伤皮肌。榆木之火以灸即伤骨，多壮即骨枯。枳木之火以灸即陷脉，多壮即脉溃。桑木之火以灸即伤肉。

枣木之火以灸即伤骨髓，多壮即髓消。右八木之火以灸，人皆伤血脉肌肉骨髓。

艾条 许旭芒/摄 fotoe/供图

艾草自身能够治病，在针灸治疗中又占有这样重要的地位，看来陶弘景说艾为“医草”，后世称艾草为“中医之草”，是非常有道理的。

说来艾草是平民的草。中国古代是等级制度森严的时代。人所穿着的衣服，因为身份不同，颜色都有不同。这制度也反映在佩戴香草上。古代礼制规定，天子佩戴鬯(chàng)草，诸侯佩戴熏草，大夫佩戴兰芝，士佩戴萧草，而庶民则佩戴艾草。苏东坡诗中所谓“庶草”说的就是这层意思。而艾草可以“验蓄昌”，是因为在古人看来，艾草同时又是具有通神作用的草。中国古代有使用甲骨占卜的传统。有的学者认为，占卜时所使用的燃料，很可能就是艾草。宋镇豪在《殷墟甲骨占卜过程的追索》(《文物》2000年第4期)所列的卜者所用燃料之一，就是艾绒。古人视艾草为治病的神草，认为它一年之初生长的早晚，和人们一年生活中疾疫是否流行有直接关系。艾草因此又被称为“病草”。《师旷占》就记载：“岁多疫，病草先生。病草者艾也。”

在古代先民的观念中，艾草疗病驱邪的能力极强。《续博物志》载，用端午日所采新生艾作干菜，作馄饨。如果吞三五枚，再“以饭厌之”，那么可以治疗一切鬼气。艾草之中，人们认为人形者最优。杜公瞻为《荆楚岁时记》作注云：“采艾以为人，悬于户上。案，宗测字文度，尝以五月五日鸡鸣时节采艾，见似人处，揽而取之，用灸有验。”所以尽管人形的艾草其实不存在，但还是有很多清晨出门采药的人幻想能运气好采到一棵。对这件事，倒是大文豪苏东坡看得开。《东坡志林》记载说：“端午日未出于艾中以意求其似人者，辄撷之。以灸殊有效，幼时见一书中云尔，忘其何书也。艾未有真似人者。于明暗间苟以意命之而

宋·李唐《灸艾图》

已。万法皆妄，无一真者，复何疑耶。”因为没有真正长成人形的，所以正所谓“心诚则灵”，你只要看着像就可以了。

艾草在古代端午还被编制成各种形状的艾人、艾葫芦、艾虎等，作为节日的装饰物。这些节日装饰物或被悬挂到门户上，或戴在头上，或悬挂腰间，用来避邪求福。此俗在六朝已经流行。《荆楚岁时记》云：“端午以艾为虎形，至有如黑豆大者。或剪彩为小虎，粘艾叶，以戴之。”《艺文类聚》引王沂公帖子云：“钗头艾虎辟群邪，晓驾祥云护宝车。”又引章简公帖子云：“花阴转午清风细，玉燕钗头艾虎轻。”又“荆楚人端午采艾结为人，悬门户上，以禳毒气”。

六朝以后，隋唐时期，艾草还被用来造酒。《玉烛宝典》就记载：“洛阳人家，端午造术羹艾酒。”疫艾造酒，不仅在中国有此习俗，17世纪欧洲也已经有以艾叶为添加剂的苦艾啤酒。此后苦艾酒的品类日繁，生产的地方日多。直到今天，苦艾酒在欧洲仍旧有相当的市场。

古书中记载的采艾时期，主要集中在三月和五月。大体上说，作为治病的药材，三月的艾草药用成分效用最佳。而五月采艾，更多侧重的是艾草驱邪除恶的力量。我国地大物博，各地的艾草药性也有高低。有一些地方的艾草据说药性高于他所。《台州府山川考》“凤凰山”条就记载，台州县东十里“山形似凤者三，故其地亦名凤林。其地夏日蚊蝇不入，所产艾草，入药最佳”。

3. 菖蒲

端午还有采菖蒲的习俗。《吕氏春秋·任地》篇云："冬至后五旬七日，菖始生。菖者，百草之先生者也，于是始耕。"在古人观察物候的眼中，菖蒲不是一般的草木，而是能先百草而生、代表农耕时期到来的标志性植物。菖蒲的这一特殊位置，当然很容易让人联想到菖蒲具备某种神秘的力量。

菖蒲也是端午节采药之一大宗。《本草》说菖蒲"味辛温无毒，开心，补五脏，通九窍，明耳目。久服轻身不忘，延年益心智，高志不老"。端午节又名"天中节"。古人有"天中五瑞"的说法，指的就是菖蒲、艾草、榴花、蒜头、龙船花。《岁时杂记》记载："端午刻菖艾为小人子或葫芦形，带之辟邪。王沂公帖子云：'明朝知是天中节，旋刻菖蒲要辟邪。'"菖蒲能辟邪去瘟，当然是神异之论。但菖蒲有药用价值是中医中确定的知识。李时珍《本草纲目》称："菖蒲酒，治三十六病，一十二痹，通血脉，治骨痿，久服耳目聪明。"古代的端午诗歌中颇有咏及菖蒲者，如苏东坡为皇太后和皇后所制端午贺节诗中就有"万岁菖蒲酒，千秋琥珀杯"、"共献菖蒲酒，君王寿万春"这样的佳句。

实际上，中医药用菖蒲中实际上有三种植物，均简称菖蒲，即节菖蒲、石菖蒲和水菖蒲。它们分别来源于不同的植物，其功能主治也不同。《荆楚岁时记》云："端午，以菖蒲生山涧中一寸九节者，或镂或屑，泛酒以辟瘟气。"除了去邪，菖蒲还被认为有更大的神力。《古今图书集成·草部汇考》记广东番禺采菖蒲之俗云："番禺东有涧，涧中生菖蒲，皆一寸九节，安期生采服仙去，但留玉舄（xì）焉。"这种"一寸九节"的菖蒲，就不是水菖蒲和石菖蒲，而是节菖蒲。古人以菖蒲为剑，过端午节悬之，名为蒲剑。《清嘉录》记"截蒲为剑，……悬于床户，皆以却鬼"，这里用的就不是节菖蒲或石菖蒲，而是水菖蒲。以水菖蒲为剑避邪克毒的原因，我推测一是水菖蒲叶形状似剑，二是水菖蒲根于水泽，性与火相克，在端午对来源于火属性的“毒”和“邪”自有克制之功。

宋代宫廷中有端午节饮用菖蒲酒的习俗，前引苏轼诗句可以为证明。梅尧臣诗也有“有酒不病饮，况无菖莆根”这样的句子，可见没有菖蒲，是让他觉得这个端午过得缺乏节味的重要指标。而得到菖蒲后的感觉，则大不相同：“薄暮得菖蒲，犹胜竟日无。我焉能免俗，三揖向尊壶。”端午饮酒，有没有菖蒲会有这样大的差别，菖蒲在古代人端午节日生活中的位置可以推知了。

民间同样流行这一风俗。《岁时广记》引《岁时杂记》云：“端午以菖蒲，或缕或屑泛酒。”又引《玄微集》云：“预研朱砂、雄黄细末，五月五日小调，用槐纸五斤，如小钱大。写天地日月五字，燃作五园，桃柳汤吞下，大治痁疾，汉三十代虚静先生秘法。”这是张天师系统家传的做法。这类药酒在明代民间普遍有使用。嘉靖《汀州府志》：“饮酒，午时侵晨，磨雄黄和草药于酒饮之，以辟邪气；及午供养祖先毕，则切菖蒲泛酒。大小胥庆，盖以菖蒲能延年故也。”万历《贵州志》：“取菖蒲细切，拌以雄黄，谓之续寿酒。”万历《扬州府志》：“泛酒用菖蒲、丹砂、雄黄，近作雄黄杯相赠。”清代亦相沿此俗。《清嘉录》记载清人端午：“研雄黄酒末，屑蒲根，和酒以饮，谓之‘雄黄酒’。又以余酒染小儿额及手足心，随洒墙壁间，以却毒虫。”清人潘荣陛《帝京岁时纪胜》亦记：“端午以前，细切蒲根，伴以雄黄，曝而浸酒。此即雄黄酒。

清·边寿民绘《杂画卷》：“艾叶充兰佩，菖蒲淬剑光。星精方闪烁，认得此芬芳。” 天津艺术博物馆/藏

菖蒲的生境 浙江大罗山 徐晔春/摄 fotoe/供图

饮余则涂抹儿童面颊耳鼻，并挥洒床帐间，以避毒虫。”这里提到的雄黄酒，不由得让人想到饮雄黄酒最有名的桥段，那就是《白蛇传》剧中许仙让白娘子喝雄黄酒的故事。喝了雄黄酒后的白娘子一下现了白蛇的本身。文弱的许仙惊吓而死。不得已白娘子只能去盗仙草，由此引出后来水漫金山、断桥相聚的故事。曾经读过一位名叫郭娟的小女子写的评论，道是《白娘子饮了雄黄酒》，文章

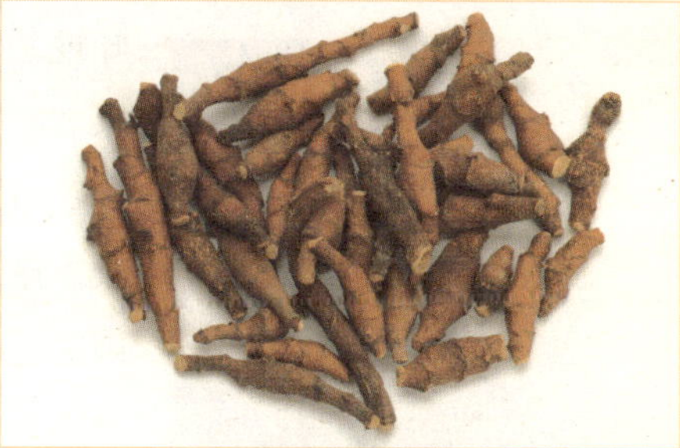

九节菖蒲 许旭芒/摄 fotoe/供图

雄黄 许旭芒/摄 fotoe/供图

的题意是写突变对于文学作品的重要作用。本来夫妻恩爱的许仙和白娘子，因为饮雄黄酒这个细节带来剧情的突变，故事顿时生出曲折。那人文章写得好一篇花团锦簇，好多年前读过，今天还依稀记得。

菖蒲在端午使用的范围非常广。古人过端午除了悬菖蒲于门首，做蒲剑、蒲人、浸酒而饮之之外，还有饮菖蒲粥、食菖蒲果子、作菖蒲浴等等。《暖姝由笔》记载，北京古代端午还有穿蒲鞋的习俗。到了端午，不论贵贱人等，都一定“买新蒲鞋穿之过节，岁以为常”。这些与菖蒲相关的习俗尽管变化万千，而其目的则是一定的，大致都不出延寿避邪之域。

4. 采杂药、采百药

端午采药，品类并不限于蓄兰采艾和采菖蒲。比如《岁时广记》引《陶隐居诀》云：楝叶处处有之，俗人五月五日皆取佩之，云辟恶。楝叶就是苦楝树的叶子。菰叶也是端午所采者。菰俗称茭白，都可药用。梅尧臣《端午日三首》：“百草堪为药，舟行不及收。岸旁萧与艾，从听到寒休。”梅尧臣因为坐在船上，只能看着岸边的萧与艾采不到。可知采萧也是端午。苏轼《黄帝阁端午帖子六首》云：“采秀撷芳群，争储百药良。”晏殊《东宫阁二首》云：“百药初收味最良，玉函仍启太清方。”《梦粱录》：“采百药或修制药品，以为辟瘟疾等用，藏之果有灵验。”明代《熙朝乐事》载：“端午为天中节，……或采百草以制药。”高濂《遵生八笺》卷四引

深山采药人　效律/摄　fotoe/供图

《纂要》云："五月五日采艾治百病。"

南宋诗人戴复古有诗云："榴花角黍斗时新，今日谁家不酒樽。堪笑江湖阻风客，却随蒿艾上朱门。"(《扬州呈赵师》)前边"天中五瑞"中提到的石榴花和龙船花，都是端午的节日花卉。石榴多子，本来就是民众心目中百草里的吉祥花木，五月榴花盛开，其色火红。龙船花即山丹丹。歌里唱得好，"山丹丹开花哟红艳艳"，五月盛开的榴花和山丹丹，都是火红的颜色，自然都有资格进入"天中五瑞"。与五月在五行之中"火"与"阳"的属性一致的蒜头，端午时也常被使用。宋人制作天师像，已经"以蒜为拳"。和石榴多子为民间所取一样，蒜在古代被认为有与生命相关的神秘力量。

说到蒜头的神秘力量，这里不妨讲一个朝鲜民族中间广泛流传的建国神话——檀君神话。据说天神之子檀君自天而降后，有一熊一虎都来拜檀君，希望能转生为人。檀君从其所请，给了它们蒜和艾草，让它们躲进山洞中，百日之后再出来。最后虎性格急先出来了，熊坚持住了百日，出来后变成了女人。她和檀君之间生的孩子，就是朝鲜民族。檀君交给要想变成人的虎和熊以蒜和艾草，这是非常具有象征意义的。这段故事，对我们了解古人认为蒜和艾草具备神秘力量，很有帮助。

除了采药草，端午采药还有捕蛇、守宫（蜥蜴）、捕蝇虎、捕蟾蜍等。端午所捕蝇虎，也自有神性。《淮南王安万毕术》记载五月五日捉取的蝇虎，用杵砸碎后拌以豆，则其豆自会踊跃跳动，以击苍蝇，准确率极高。后山《蝇虎诗》："却行奋臂吾甚武，明日淮南作端午"，写的就是这个典故。关于捕蛇，《朝野佥(qiān)载》卷一载："泉州有客卢元钦染大风，惟鼻根未倒。属五月五日官取蚺蛇胆欲进，或言肉可治疯，遂取一截蛇肉食之。三五日顿渐可，百日平复。又商州有人患大疯，家人恶之，山中为起茅舍。有乌蛇坠酒罂中，病人不知，饮酒渐差。罂底见蛇骨，方知其由。"嘉靖《石埭县志》记载端午习俗云："烧苍术丹

(云辟瘟气)；采药物(日正午采百草、捉蟆，以备药物)；捕乌蛇(俗以五月五日午时捕乌蛸蛇酿药物)。”

五月五日捕蛇，主要为取蛇胆。其实早在宋代，已经有养蛇并于端午日取蛇胆贡献朝廷的做法。宋吴自牧《梦粱录》曾叙述他自己的一段亲身经历：“普安州有养蛇户，每年五月五日即担蚺蛇入府祇候取胆，余曾亲见。皆于大笼之中，藉以软草，盘屈其上。两人舁（yú）一条在地上，即以十数拐子从头翻其身，旋以拐子按之，不得转侧。即于腹上约其尺寸，用利刃决之，肝胆突出，即割下其胆，皆如鸭子大。曝干以备上贡。却合内肝以线合其疮口，却收入笼。或云舁归放川泽。”此条《岭表异录》亦有载。《北户录》卷二“蚺蛇牙”条：“广州南海县每年端午日，常取其胆供进。”宋钱易《南部新书》云，雷州在五月五日舁蛇入府取胆。中医的药材中，蛇蜕也是重要的一味药。据说田野中的蛇蜕，也是五月五日或五月十五日采取药效最良，事见《名医别录》。

特地选择端午采蛇胆，应当与古人对于端午时间上的特殊属性相关。这种特殊属性是什么呢？我们不妨换一个角度看一下。上面几则取蛇胆进贡的记事，地域基本都在南方。介绍端午铸水心镜进贡的是扬州，也是南方。之所以这些活动集中于南方，我想是因为南在五行属火，在阴阳中属阳。所以端午所取蛇毒，和下文取蟾酥一样，取的是“火”和“阳”盛之极的“毒”。依靠蛇毒除湿驱毒治疗风痹，依靠的就是这份“火”和“阳”。

而和捕蛇、捉守宫（蜥蜴）、蝇虎相比，端午更为流行的，是捕捉蟾蜍的习俗。

5．蟾蜍

端午与蟾蜍，缘分颇深。在古代，蟾蜍和蜈蚣、蛇、蝎、蜥蜴共属

"五毒"。清代宫中端午节的大戏《阐道除邪》，就收有张天师制服蛤蟆精的故事。故事中的蛤蟆精，就是蟾蜍。而民间直到今天，仍有端午取蟾酥的习俗。

古代端午节采药的习俗中，很重要的一个内容是捕蟾蜍。

五月捉取蟾蜍的习俗，文献上所见甚早。《淮南子》云："鼓造辟兵，寿尽五月之望。""鼓造"即蟾蜍。因为古有蟾蜍"辟兵"的说法，所以到了五月望日（十五日）大家都去捉，蟾蜍才面临"寿尽"被捉杀的命运，在《淮南子》的作者看来，这和大象因为长了象牙而被猎杀缘出一辙。从这段话，我们可以推知西汉已经有了五月捉蟾蜍的习俗。不过捉蟾蜍的时间和目的，和后世却大有不同。北京老话说："癞蛤蟆，脱不过五月五"，后世捉蟾蜍是在五月五日端午节；但从《淮南子》的记载看，当时捉蟾蜍的时节，是在五月十五日。捉取蟾蜍的目的，后世是做药，而西汉人是为了"辟兵"。东汉崔寔《四民月令》记载："五月五日，取蟾蜍，可合恶疽疮"，这已经和后世大体一致。关于端午捉蟾蜍的习俗，这里再介绍一点史料。明人《熙朝乐事》端午事项下记：

觅虾蟆以取蟾酥。

清人诗云："莫从海上问三农，虾蟆蟾蜍取次供。"诗下注云：午日，太医院官具旗物鼓吹，赴南海子，饬农人捕捉虾蟆蟾酥。

又清人《帝京景物略》亦云：

五日，南太医院官，旗物鼓吹，赴南海子捉虾蟆，取蟾酥也。其法：针枣叶，刺蟾之眉间，浆射叶上，以蔽人目。不令伤也。

可见五月端午捉蟾蜍的习俗在当时不仅流行于民间，连皇家亦不例外。并且皇家连捉蟾蜍也忘不了讲究排场，南太医院的医官们居然是打着仪仗、鼓吹奏乐去的南海子。这场景，今天想起来都觉得很有趣。端午捕蟾蜍的习俗，今天仍有流行。施立学《关东岁时风俗论》的《端阳采艾》一节，曾对此有生动的描写：

端阳之晨，山上最难见的怕属蟾蜍了。老百姓说，什么都有躲人的时候，像农历七月七日早晨不见飞燕一样，端阳之晨一般见不到蟾蜍。七月初七的燕子纷纷飞往银河，成仙人之美，为织女牛郎搭筑鹊桥，蟾蜍干啥去了呢？人都猜它躲起来了。传说，端阳之晨能捕捉到蟾蜍乃是一幸。此物俗称癞蛤蟆，往其大肚中塞上墨块，名唤蛤蟆金，一、二月取出涂用，有解毒疔痈、治咽喉肿痛之效。此物耳后腺和皮肤腺的白色分泌物制成"蟾酥"，可供药用。人说蟾蜍本是月宫之物，月宫别名"蟾宫"，李白《古朗月行》有"蟾蜍饮月影，大明夜已残"句，猜想月缺月圆乃蟾蜍作祟。科举时也称登科为蟾宫折桂。蟾蜍虽然其号不雅，其貌不扬，身上有大小累疣（俗称癞），但此物生命力极强，可承相当于身体十倍、二十倍的重压，且有灵性，怕在五月端阳这一天躲起来了。[7]

从汉代算起，五月捉取蟾蜍的习俗，已经有两千年的历史。两千年一年一次的大劫难，蟾蜍们已经经过两千次。如果不是蟾蜍有超凡的繁殖力多子多产，并且生命力强，怕早就成了濒临灭绝的稀有动物。如果蟾蜍真的有灵，他们应当知道推算人间的历法，并在五月五日早早找一个安全地方藏起身来。

施文所记载的"蛤蟆金"，在古代文献中也早有记载，是流传颇广的偏方。嘉靖《广平府志》即记："取虾蟆噙墨涂毒疮。"又同治《宜昌府志》记：东湖"捕蟾蜍以墨入腹中，俟干取出，涂肿毒有验"。冯应京《月令广义》除记此偏方外，另记载了更高级"蛤蟆金"，经讨特殊处理后，它竟具有更神奇的力量：

午日取癞虾蟆，将墨一块噙其口中，埋于天牢上。七七日取墨收藏。动用有灵。凡涂小儿口疮，及写符治疟止毒之类，皆验。又夏将此墨涂葫芦形于壁，则蚊皆聚于内，不螯人，至早拂去，夜复聚来。

这般下功夫做出的"蛤蟆金"，按照冯应京的记载具有的不是一般的神力。古代夏天苦于蚊虫者一定不少，所以这样只要拿来在墙上涂画葫芦，就足以让蚊虫们聚此不疲、不再侵扰人的墨块，一定令很多人羡慕并想拥有。羡慕归羡慕，可这墨块制造的过程可真很不易。想一下端午日捉到蟾蜍就不易，难度更大的是要埋到天牢。自古“狱不通风”，天牢顶上哪是你随便去埋癞蛤蟆的地方呢。

史料记载说，蟾蜍呼出的气有毒。这应当也是有来历的话。今天在电视的慢镜头中，借助高精度的摄像机我们能清楚看到，蟾蜍有很长的舌头，捕虫时长舌瞬间吐出又马上收回，飞虫已经被卷入口中，成为蟾蜍大快朵颐之物。但这电光石火的瞬间，在肉眼观察的时代，其实很难看清楚。能看清楚的只是蟾蜍张口，虫入口中。古人观察蟾蜍捕食应当也是如此。大概古人就是由此想象，以为蟾蜍是呼出毒气熏吞百虫的吧。

在中医世界，蟾蜍为疮科圣药。

蟾蜍有毒，而中医讲究“以毒攻毒”，蟾蜍自然成为中药之一种。蟾蜍身上多癞疣却活得浑然无事，所以，作为中药材，蟾蜍毒被认为对于皮肤病最为有效。有人认为蟾蜍治癣。唐王焘撰《外台秘要方》所载“疗癣神验方”云：“取干蟾蜍，烧灰末以猪脂和，涂之良。”又有人认为蟾蜍可治水痘。《吴趋风土录》：“端午日，药市收癞虾蟆，刺取其沫，谓之‘蟾酥’。为修合丹丸之用。率以万计。人家小儿女之未痘者，以水蓄洋虾蟆五个到七个，俟其吐沫，过午取水，煎汤浴之。令痘疮稀。”更有人认为蟾蜍治疗各种皮肤病。宋唐慎微撰《证类本草》亦云：“虾蟆味辛寒，有毒，主邪气破症坚血痈肿阴疮。服之不患热病。疗阴蚀疽疠恶疮猘(zhì)犬伤疮……生江湖池泽，五月五日取阴干，东行者良。”可见对一般的皮肤病，蟾蜍都是有效的良药。甚至人为狂犬所啮时也使用。那作用，大概相当于今天的狂犬病疫苗。这类药方在古医术中所在多有。中医使用蟾蜍，最多的是使用被称为“蟾酥”的蟾蜍所分泌的特殊毒液。《药性论》云：“端午取虾蟆眉脂，以朱砂麝香为丸，如麻子大。孩儿疳(gān)瘦者，空心为丸。如脑疳，以奶汁调滴鼻中，立愈。”这里的“虾蟆眉脂”，指的应该就是蟾酥。大概这蟾酥毒性很大，所以才有《帝京景物略》所写的那种用针枣叶刺蟾蜍眉间，避免让毒液喷到人

马王堆汉墓帛画中的月亮里伏着蟾蜍。

眼睛的方法。吴地一地“为修合丹丸之用”而取蟾酥，使用的蟾蜍就“率以万计”，说来身体能分泌蟾酥，仿佛就是蟾蜍的过错，而说端午是蟾蜍劫数中的日子，此言不虚。不过古代也有对端午的蟾蜍施以人道之心的。《闾史掇遗》记载，以前五月五日太医院官具旗物鼓吹赴南海子捉虾蟆取蟾酥，以针刺其两眉，蟾多死。但有一位朱公儒作太医院院使时，让采药者两眉之中只刺一眉，这样蟾蜍虽然逃不掉被刺的痛苦，并成了独眼龙，但总算得到活下去的机会。这一做法据说后来一直被太医院承继下来。

参诸《淮南子》，西汉时代的人捕捉蟾蜍，为的不是蟾酥，而是“辟兵”，这和科学的世界是两回事了。至于蟾蜍为什么有神奇的力量？为什么“东行者良”？这也已经离开了今天的医学科学的世界，要理解这些话，就要再进入一下古人的信仰世界，按照古人阴阳五行的思路，看蟾蜍是怎样一个神秘的存在。

在中国文化中，蟾蜍曾经被视为神圣。说来这自有缘故。

首先，蟾蜍属于蛙类，一产多子，当然很容易成为人们生殖信仰的对象。中国上古考古发掘出来的器皿，很多带有蛙纹，足以为此证明。其次，更重要的是蟾蜍具有冬眠的习性，在古人看来，这就是死而复生。对于我们人类，生命只有一次，可这满身癞斑的蟾蜍，却可以生而后死，死而后生，这实在令古代的先民倾慕不已。倾羡之久，自生崇拜之心。后来又有人把这份生生死死的神力和天边的月亮由盈转缺又由亏而盈联系到一起。于是汉代画像石上，我们经常看得见并画的日月，那太阳中站着一只三足鸟，月亮里经常伏着的，就是一只蟾蜍。月亮中的蟾蜍，和人世间的治乱关系密切。保存在日本的元弘抄本《五行大义》卷四纸背记《河图》云："蟾蜍去月，天下大乱。"《天文要录》"月占第五"引《易纬》云："月中蟾蜍去月，经三辰，天下俱有逆事，臣勉君战，不出三年。"不是月下长嚎的凶恶的狼，而是我们今天看到的沟边的癞蛤蟆，曾经被古人这么崇拜，这实在足以让爱读《狼图腾》的朋友们大跌眼镜。

汉人张衡《灵宪》曾交代月宫中这只蟾蜍的来历云："羿请不死药于西王母，嫦娥窃之以奔月……嫦娥遂托身于月，是为蟾蜍。"蟾蜍由于被编入嫦娥传说，于是也和不死灵丹挂上了钩。《抱朴子·内篇》介绍不死灵药有五种，称"五芝"。其中"肉芝"就是"万岁蟾蜍"。据说万岁蟾蜍的神奇，来自头上的角，即"肉芝"，法力在灵芝以上，是长生不老的仙药。可以"服之长生"，并且神奇非常：

> 蟾蜍万岁者，头上有角，颔有丹书八字，五月五日午时取之阴干，百日，以其足划地，即为流水。能辟五兵，若敌人射己者，弓矢皆反还自向也。

这就是《淮南子》讲到的蟾蜍辟兵的来历。故事中成了精的蟾蜍角，似乎可以变化成人形自由移动。因为《抱朴子》还讲到："行山中，见小儿长七八寸者，肉芝也。捉取服之即仙矣。"这很像东北人参娃娃的故事。当然肉芝也有不变化或变化成其他形状的。传说仙人王乔就是服食肉芝而成仙的，《仙史》云："武阳北平山有白虾蟆，谓之肉芝，王乔食以仙去"，这是保持蟾蜍的原形。《神仙感遇传》："萧静之掘地得物，类人手，肥润且白，烹而食之，逾月发再生。貌少力壮，遇道士曰：'所食者肉芝，寿等龟鹤矣。'"这是变化成白色的人手形。

至于捉取蟾蜍为什么东行者佳，这又和蟾蜍的阴阳属性相关。古人的眼中，月宫是个神秘的世界。月宫中有嫦娥，还有桂树，有吴刚，有玉兔，有蟾蜍。随着阴阳五行观念的流行，月宫这一切，自然被划分出阴阳。按照阴阳二分、阴阳互存的逻辑演绎法，伐桂树的吴刚自是阴中之阳，月里的蟾蜍也是阴中之阳。汉刘向撰《五经通义》以为：

"月中有兔与蟾蜍，并月阴也。蟾蜍，阳也。而与兔并明，阴系于阳也。"在古人看来，月亮为什么会由圆而缺，那正是因为吴刚所伐，蟾蜍所食。《淮南子》曰："月照天下，食于詹诸。"许慎《说文》以为："詹诸，月中虾蟆，食月。"施文所引李白那句"蟾蜍饮月影"，在这里也就有了极好的注解。了解了蟾蜍是"阴中之阳"，也就不难明白是"东行者"最好。这是因为"帝出乎震"，震为东方，是太阳升起的方位。到这里我们也就明白了古人为什么端午捉蟾蜍，而且强调端午上午的蟾蜍最好。这正是因为五月端午午时，纯阳用事，是一年"阳之极"的日子和时辰。

6. 制药、炼药

采药之外，古代的端午，还是古人制药、炼药的特殊日子。有关这一天制药、炼药的记载，杂见于各种古代典籍中。汉崔寔《四民月令》

饮片加工——晒药　鄢光哲/图文天下供图

“五月”条云：“是月五日，可作酢(cù)，合止利（痢）黄连丸，霍乱丸。采葸(xǐ）耳，取蟾诸。以合创药。”所以五月制药，也是由来已久的习俗。宋吴自牧撰《梦粱录》记载：“此日探百草，或修制药品，以为辟瘟疾等用。藏之果有灵验。杭城人不问大小，家焚烧午香一月，不知出何文典。其日正是葵榴斗艳，栀艾争香，角黍包金，菖蒲切玉，以酬佳景，不特富家巨室为然，虽贫贱之人，亦且对时行乐也。”可知宋人认为端午所制之药，对于辟瘟疾有灵验。

中医讲究在端午日采药、制药、晒药，强调端午节是以药预防疾病的日子。端午制药之俗，隋杜台卿《玉烛宝典》有记载：“是月(五月)五日，可作醢(hǎi)。合上利黄连丸，霍乱丸。采葸耳，取蟾蜍。可合创药，及取东行蝼蛄，治妇难产。” 又云：“以百种草，合捣属汁，石灰和之，曝燥涂疮，即愈。”[8]古人有在端午节曝药的习俗。《岁时广记》引《提要录》：“五月五日晴，人曝药，岁无灾，雨则鬼曝药，人多病，此闽中谚语。”古人还有端午节焚药的习俗。同书还引《岁时杂记》云：“端午午时，聚先所蓄时药，悉当庭焚之，辟邪气，或止烧术。”中药铺也在这一天分发药囊，以取防治疾病之意。清人《吴郡岁华纪丽》云：“(端午）人家各具宴会，宴赏端阳。药肆馈遗苍术、白芷、大黄、雄黄等品于常所往来贸易之家。以李核为囊，带之云疗饐(yì)。”

中医药的使用方法很多，端午以药预防疾病，方法也非常之多。比如以药入酒，或以药入水。端午很多地方都流行饮药酒或药浴的习俗。

端午节特制的药酒中，广泛使用的主要是菖蒲、雄黄、朱砂等。古人认为菖蒲、雄黄皆有避邪避毒虫的功效。辟邪去瘟，当然是神异之论。但菖蒲有药用价值是中医中有验的药学知识。至于雄黄，《本草纲目》称：“雄黄味辛温有毒，具有解虫蛇毒、燥湿、杀虫驱痰功效”，“主治百虫毒、蛇虺(huǐ)毒。”

药浴在端午节俗中有古老的流传历史。端午节最早的一个名字就叫“浴兰节”。《楚辞》：“浴兰汤兮沐芳华。”兰草是早期的药浴主要使用的药草。至少到汉代，端午已经有浴兰之俗。《大戴礼记》记载：“五月五日，蓄兰为沐浴”，可为证明。此俗唐宋相沿，于史料皆可引证。唐韩鄂《岁华纪丽》云：“端午，角黍之秋，浴兰之月。”注云：“午日以兰汤沐浴。”可见唐时亦有此俗。至宋人诗词之中，咏兰汤事者甚夥。苏轼《皇帝阁四首》：“喜辰共喜沐兰汤，毒沴(lì)何需采艾禳。”又《少年游·端午赠黄守徐君猷》：“兰条荐浴，菖花酿酒，天气尚清和。”晏殊《内廷四首》亦咏此事：“由来佳节载南荆，一浴兰汤万虑清。”到了元代，诗人马祖常《石田集》有《端午效六朝体》：“馥馥兰汤浴，滟滟蒲酒持。”元曲中张可久《双调折桂令》也咏到“浴兰芳荆楚风流”。嘉靖《仙游县志》：“至午时采百草为汤，浴体以去百病。”清同治《高县志》：“沿山采药煎水净身，云免疮疥。”

（五）驱邪避毒

端午是火日，这一天被认为是一年里阳气最盛的日子，也是一年阴阳转换的日子。一阴初起，如何规避，古人有一套按照他们的思维方式形成的禳辟之法可以采用。

首先，为了禳辟邪毒，古人发明了很多配饰。在中国古代节日中，有关端午节的配饰发展的历史最久，品类也最多。早在汉代，端午配饰已然有典籍记载。《后汉书·礼仪志》记载：“仲夏之月，万物方盛。日夏至，阴气萌作，恐物不楙。其礼：以朱索连荤菜，弥牟朴蛊钟。以桃印长六寸，方三寸，五色书文如法，以施门户。代以所尚为饰。夏后氏金行，作

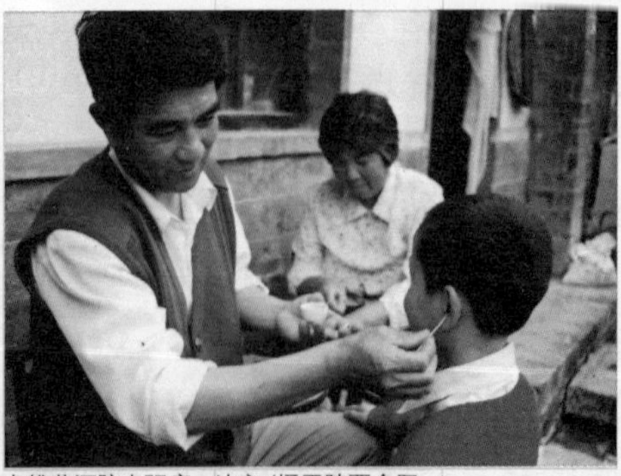
点雄黄酒防虫驱病　沈宇/摄于陕西合阳

东北地区端午节前制作五彩葫芦的作坊　李野／摄　fotoe／供图

苇茭，言气交也。殷人水德，以螺首，慎其闭塞，使如螺也。周人木德，以桃为更，言气相更也。汉兼用之，故以五月五日，朱索五色印为门户饰，以难止恶气。”通过这些记载我们知道，第一，为端午所吸收的夏至，节俗中很早就有配饰之俗。第二，早期夏至配饰使用桃木等，这和新年使用桃符相一致，是为了避鬼驱邪。第三，端午的配饰除了桃符还使用“朱索”，即红色绳线。桃木为红色，朱索亦红色，盖汉人尚赤色，且五月为火，大概这都是使用红色的缘故所在。第四，汉代端午的配饰和后来的戴于身上不同，是“施于门户”亦即挂在门上和屏障上。这种做法，在后代流传时间非常长。宋人夏竦(sù)《皇太后阁十四首》云：“千门朱索迎嘉祉，九禁椒涂纳美祥。”又云：“六宫彩索争新巧，共续千年奉至尊”，“千门袭吉萦朱索，九禁开晨辟紫闱”。这是说的宋代宫中门户悬挂朱索、彩索的情形，可见夏至悬朱索于门户的做法，后来为端午所吸收，成为端午辟邪的做法之一。挂这些配饰的目的，是“难止恶气”，也就是禳除恶气。

东汉末年的应劭《风俗通义》关于夏至和五月五日的记载，是另一个系统的说法：“夏至五月五日，五彩辟兵，题‘野鬼游光’。俗说五采以厌五兵。游光厉鬼，知其名，令人不病疫瘟。”这个名叫“游光厉鬼”的鬼很有力量，只要知道他的名字，居然就可以免得病、瘟、疫。这种传说直到六朝犹有传承，如梁宗懔《荆楚岁时记》云：“五月五日口内常称游光厉鬼四字，知其名则鬼远避。”游光厉鬼为什么这么有力量，没有典籍可以考察，不过从字面上可以做一点猜测，那就是大概游光厉鬼是鬼中很强横的一种。而在古人头脑中，五月只是一阴初起，五月的病、疫、瘟，虽然足以害人，但其恶的程度远不如游光厉鬼。东北有一句土话，说“软的怕硬的，硬的怕横的，横的怕愣的，愣的怕不要命的”。这游光厉鬼大概就属于不要命那一伙的，所以遇到它的名字，在人的面前装横害人的病、疫、瘟也都只能躲得远远的。

对于五采何以能厌百兵，这段话没有给出适当的解释。裴玄《新言》解释说：“五色缯谓之辟兵。《昭君》云：襞方以缀腹前，示养蚕之功也。又织麦莒，同日俱成，以悬门户，新收麦也。谓为辟兵，声之误。”宋人程大昌《演繁露》更释裴玄之语云：“《新言》曰一五月五日集五采缯，谓之辟兵。不解，问之伏君。伏君曰：青赤白黑为之四面，黄居中央，名曰襞方。缀之于腹，以示妇人养蚕之工也。传声者误以为辟兵。”这种解释的合理性在于注意到了五月是古代妇女收养蚕之功的节候。新蚕初成，织成五色丝缕和襞方，借端午节庆祝一年蚕工之成，也是有的。苏轼《皇后阁四首》云：“茧馆覆朱桑，新丝引更长。纫为五色缕，续寿献君王。”又云：“维祉恭俭德，彩缕出亲蚕。”盖后妃亲事蚕桑，有恭俭之德，故苏轼诗以颂之。但黄石先生认为这种解释不通。襞方自为襞方，而辟兵自为辟兵。按：缯，厚帛是也。蔡邕《女诫》：“缯贵厚而色尚深。”古人有以厚帛做襞方之俗，但与五色辟兵不是一回事。刘昭《续汉书》云：“桃印本汉制，以止恶气，今世端午以彩缯篆符以相问遗，亦以置屏障之间。”注云：“汉以五日用朱索络五色刚卯为门户饰，以止恶禬也。”黄石以为，实际上“五指五行，也指五方五土，五月的‘兵’之数五，言

清·徐扬《端午故事图》中的一页——系彩丝，“以五色丝系臂谓之长命缕”。 故宫博物院/藏

五鬼行瘟于五方五土，故制为代表五方五土的五色刚卯抵御它们。黄居中央，表示中央戊己土，其他四色，亦代表四方，东方青，南方赤，西方白，北方黑。故曰‘五色刚卯’，即是五色桃印符。”

《端午礼俗史》中黄石先生的这一解释，抓住了五月与五行、五色之间的联系，按照古人的思路去理解古人，符合基本的理论规则，解释得很透彻。

端午五彩丝辟兵之说在晋代又有新的发展，这就是道教灵符的出现。《抱朴子》云：“五月朱书赤灵符，著心前，辟兵，驱瘟，去百病。此治百病符也。正月元日佩，即此符。”魏晋南北朝时期，佛教传入中土并得到极大发展，这对于产生于中国本土的道教直接造成了强烈刺激。不仅道教神谱越来越体系化，理论上出现一系列发展，而且在宗教仪式方面有长足进展。这里出现的道教灵符，就是这类新打造出来的兵器。这种辟兵符的功用，在后代越传越神。《月令广义》有一段记载非常精彩，其云：“凡大将逐年五月五日午时，以朱砂雄黄，纸书辟兵符，向日顶礼，向天罡祖炁(qì)，勿令鸡犬妇人见之，符缝衣内，炤(zhào)前后心佩带，枪箭不伤，至来年午日再换。”义和团“刀枪不入”的神功，原不是山东来京的人力车夫们的首创，那原始的思路早在这个年代已经肇源了。

端午配饰之中，五色丝索是“五采辟兵”的代表，一名长命缕，一名续命缕，一名避兵缯，后代端午佩红习俗，都属于这一类。它来历非常古老，最初为避鬼兵瘟病，后代则增以延命、延寿之意。用法则有系臂和挂于门户等。唐人已经以端午百索为长命索。唐代皇帝李隆基《端午三殿宴群臣探得神字》一诗中曾经写道：“穴枕通灵气，长丝续命人。”“长丝续命人”说的就是以五彩丝系臂求长命的习俗。唐朝皇帝还根据这个习俗在端午日由君王赐长命索给臣下。端午从皇帝那里得到赏赐的长命索后写的谢恩诗，有窦叔向的《端午日恩赐百索》：“仙宫长命缕，端午降殊私。事盛蛟龙见，恩深犬马知。余生尚可续，终冀答明时。”

小小的五彩丝线，所值有限，但借助节俗文化特殊的时与地来沟通君臣关系，却足以唤起臣下无限感恩之心，起到的效果不小。当然，不同的人过端午节从皇帝那里得到的赏赐礼物可能还有更多。李商隐《为荥阳公主端午赐物状》云："右中使至，奉恩宣旨，赐臣端午紫衣一副，百索一轴，银器二事，大将衣二副。"是这位公主除了长命索，还得到了紫衣、银器、大将衣。君赐臣长命索，臣也向君献长命索祝寿。宋人夏竦诗中就写到向太后献长命索的故事："命缕开辰分五色，长丝献寿祝千年。"晏殊《御阁》："轻丝五彩缠金缕，共祝尧年寿万春。"说到长命索，这里最后说一说清人董元恺的一阕《清平乐》：

谁能续命，五色交相映。浪说辟兵还压胜，茧馆朱囊堪赠。

不须绕户高悬，料应妆臂同缠。愿取一丝一岁，与郎情绪绵绵。

把长命索的习俗和爱情联到一起，可谓别具一番风韵。

居家住室，也自有禳辟之法。

前引《后汉书·礼仪志》记载汉人夏至以桃印施于门户、悬朱索五色印以为门户装饰，为的就是"以难止恶气"。刘昭《续汉书》亦云："今世端午以彩缯篆符以相问遗，亦以置屏障之间。"朱索即彩缯，五色印实即篆符，可知汉代人端午使用朱索五色印为门户装饰。明代宫中室内端午亦特有布置。吕毖《明宫史》记宫中端午习俗云："门两傍安菖蒲艾盆，门上悬挂吊屏，上画天师或仙子仙女执剑降五毒故事，如年节之门神焉。"清代宫中的做法之一，是挂五毒屏风。事见《钦定大清会典则例》。《则例》载"端午五毒挂屏豫期修造"，又有"五毒挂屏于四月三十日委官安挂，六月初二日彻出贮库"，可知五毒屏风前后要挂一月左右。五月室内悬挂特别的画，这习俗在民间也存在。明文震亨《长物志》有一段《悬画月令》，列出了一年中每个月份应当悬挂的画。其中五月端五所宜挂的画是"真人玉符及宋元名笔端阳景，龙舟艾虎五毒之类"。《清俗纪闻》卷一《年中行事》的端午条记载清代民间习俗云："是日，悬钟馗、关帝画像于堂上，像前供瓶内插菖蒲艾叶，门户左右亦插放根部包有红纸之菖蒲艾叶。”此外，另用红纸书写下述词句张贴于门外，均系去除邪气之意。这些词句诸如“五月五日天中节，赤口白舌尽消灭”、“菖蒲如剑斩八节妖邪，艾叶如旗招四时吉庆”等等，所取的都是驱邪招福之意。说来“五月五日天中节，赤口白舌尽消灭”这句话，早就是端午禳辟的经典句子。《敦煌诗集残卷辑考》即保留有“五月五日天中节，一切恶事尽消灭。急急如律令”的残卷。一句口号前后千年一直流传，足见节日习俗生命力是怎样之持久。

（六）端午节的其他习俗

1. 赐时服

端午节是大节，端午节俗在衣着方面也有表现，有自己特殊的节日服装。

根据典籍记载，古代端午日天子经常会赐衣于臣下。杜甫有诗记其事云：“宫衣亦有名，端午被恩荣。细葛含风软，香罗叠雪轻。自天题处湿，当暑着来轻。意内称长短，终身荷圣情。”杨文公《谈苑》亦记：“宋朝之制，文武官诸军校在京者，端午赐衣服。”又《渑水燕谈》记载：“朝官每岁端午，赐时服。”这里的时服应即夏服，其服装设计通常与端午节有关。《明史》记载：“奇器用之巧，日新月异。遇圣节则有寿服，元宵则有灯服，端阳则有五毒吉服，年例则有岁进龙服。……于是民间习为丽侈，穷耳目之好，竭工艺之能，不知纪极。”《日下旧闻考》记“五月朔，穿五毒艾虎补子蟒衣”。在明代，这些节日服装往往是使用特别技术制造的。高士奇《金鳌退食笔记》记云：“洗白厂造兜罗绒及各色五毒等，绦兜罗绒织法，传自西域，无敢私造者。”吕毖《明宫史》也记载说：“五月初一日起至三十日，宫眷内臣穿五毒艾虎补子蟒衣。”又记云：“绦作，即洗白厂。掌作内官一员，协同内官数十员。经手习学织造各色兜罗绒，各色五毒等绦花素勒甲板绦及内官长随小火者牌繐绦。惟兜罗绒织法，传自西域，外毋敢私织者。甜食房并此厂皆属内御用。”明代又有一种“五毒红纱”。清人姚之骃《元明事类钞》记载：“五毒红纱，《经济录》：‘江南巡抚疏劾中官王敬，需索珍宝，组织彩妆五毒红纱难以数计。’夫五毒者，艾虎蜈蚣虾蟆蛇蝎也。以此织为衣，午节用之，谓可辟邪，而其实不祥。顾乃暴殄天物，虐害蒸民如此。”把五毒形象纺织到纱中，并且用料中还有“珍宝”，我猜想是以珍珠等做五毒的眼睛等。这种纱工艺上大概是需要费很大工夫的。

在现代城市社会，专门为端午节制作的衣服几乎绝迹。但在广大农村，尚有为孩子制作的五毒兜肚、虎头帽等。也许，这可以算是古老风俗的一点孑遗。

1919年，北京小孩子的老虎服。Sidney D. Gamble/摄 fotoe/供图

在民间，偶尔还能够看到与端午节俗有关的服饰，让我们依稀回想这个节日曾经有过的辉煌。 沈宇/摄于陕西

2. 赠扇

在江陵端午祭中画扇的韩国女子　贺学君/供图

赐衣之外，端午节复有赐扇之俗。

古代宫廷和民间均有端午节赐扇赠扇之俗。在没有空调和电风扇的年代，入夏消暑，扇子是人们最常使用的乘凉用具。端午节时当夏季四、五、六月正中。在这个节日赐扇、赠扇，可谓正当时宜。

早在南北朝时期，这一风俗已经相当流行。《宋书》卷四十一记载元徽五年端午，宋废帝刘煜接到了皇太后赐给的玉柄毛扇。但是刘煜嫌扇毛不够华丽，竟然由此产生了以鸩酒毒杀皇太后的念头。到了唐代，这一风俗依旧流行。大唐贞观十八年五月五日，正是中土大唐历史上有名的贞观之治的时代。唐太宗曾按照老习惯老风俗赠扇子给长孙无忌和杨师道扇各两把。据说唐太宗善写飞白书，作鸾凤蝶龙等字，笔势警绝。这次赠赐的扇子就是写的飞白书。他还对司徒长孙无忌、吏部尚书杨师道讲到："五月旧俗，必用服玩相贺，今朕各赐君飞白扇二，庶动清风，以增美德。"《唐书·礼乐志》还记载天宝时，常以五月五日荐衣扇于诸陵。有了帝王这样的提倡，赠扇之风自是大盛。据说端午前二日，长安东市成为扇市。逮及宋明，端午送扇，已经成为节礼。

唐太宗赠扇的名目，是"庶动清风，以增美德"，高尚其德，明清吏治，这是贞观之治的本色。而从《云仙杂记》记载"洛阳人家端午以花丝楼阁插鬓，赠遗辟瘟扇"来看，普通百姓人家赠扇，还有辟瘟之寓意。

此俗影响远及域外。朝鲜《东国岁时记》记载，朝鲜古代端午"工曹造进端午扇。颁于宫掖宰执，侍从。扇之绝大者，竹幅白矢。满五十、四十，名曰白贴。着漆者，名曰漆贴。得此者，多画金刚一万两千峰，或为倡巫所把。近俗，喜写折枝、桃花、芙蓉、蝴蝶、银鲫、鹭鸶。《戒庵谩笔》云：‘端午赐京官宫扇。竹骨纸面，俱画翎毛五色缠绵绕艾虎者。’是也。湖南、岭南两道伯及统阃(kǔn)，进上节扇。例送朝绅及亲知间。造扇邑守令，亦有进上赠遗。全州、南平之制为佳。僧头、鱼头、蛇头、合竹、斑竹、外角、内角、三台、二台、竹节、丹木、彩角、素角、广边、狭边、有环、无环、制样各殊。五色及紫、绿、鸦青、云暗、石磷等诸色无不备焉。俗尚白、黑二色，黄漆、黑漆两贴及着油者。青为新郎，素为丧人。诸色，为妇人小儿所把。团扇，有五色，又有五色交贴斑斓者。有似桐叶、莲叶、莲花、蕉叶者。或着油，或黄黑漆，男子在家而摇，色扇为妇女儿童所持。又有色纸，竹幅，阔大为轮扇，有柄。张之如伞。作小儿遮阳之具。又有长柄大团扇，作枕簟(diàn)挥蚊之具。又以斑竹皮，色绡纱，饰珠贝，为新妇遮面之具。或仿大蕉叶形，亦为大臣仪饰之物。又有商贾扇买卖者，精粗巧朴，不一其制”。这段记载内容丰富，不仅记载了李氏王朝有端午赠扇之俗，而且涉及制扇材料、工艺模样、品类，以及不同身份等级的人持扇的区别。由此亦可见赠扇之俗在朝鲜半岛影响之大。

3. 节食

(1) 枭羹

说到最早的端午节食，并不是粽子，而是一碗羹汤。这是用猫头鹰肉熬成的汤。

根据《汉书》记载，汉代五月作枭羹赐给百官。这样做是因为猫头鹰是恶鸟，所以要在这一天吃它，“盖欲灭其族类也”。吃猫头鹰肉做的汤由来已久，《庄子》就记载“见弹思鸮炙”。《渊鉴类函》岁时部引《乐府》注云：“汉令郡国赐枭，五月五日为枭羹赐百官。以恶鸟故食之。”尽管苏东坡有诗提到这碗羹，道是“百官拜却枭羹赐，凶去方知舜有功”，但恐怕是采用故典入诗，实际端午饮用猫头鹰肉做的羹汤这一习俗，几乎只见于汉代，在后世其名不著，少有流行。

(2) 粽子

真正流行的端午节食，当然是粽子。以屈原五月五日投汨罗江而死，裹饭祀之而产生的端午食粽子之说法我们都耳熟能详。南朝梁吴均《续齐谐记》也有记载："屈原五月五日投汨罗而死，楚人哀之。每至此日，以竹筒贮米，投水祭之。汉建武中，长沙区回白日忽见一人，自称三闾大夫。谓曰：'君尝见祭，甚善。但常所遗苦蛟龙所窃，今若有惠，可以楝树叶塞其上，以五采丝缚之。此二物蛟龙所惮也。'回依其言。世人作粽，并带五色丝及楝叶，皆汨罗之遗风也。"这是我们今天有关端午节为什么吃粽子的最广为人知的解释。

粽子这种节食出现得很早。周处《风土记》记载："端午日，以菰叶裹黏米栗枣，灰汁煮熟，谓之糉（粽）。"但是，粽子这种节食，最早却并不是起源于屈原，而是起源于夏至。关于这一点，《风土记》有明确的记载："仲夏端午，方伯协，极烹鹜，用角黍，龟鳞顺德。"注云："端，始也。谓五月初五也。四仲为方伯。俗重五月初五，与夏至同。鹎（鸭）春孚雏，到夏至月，皆任啖也。先此二节一日，又以菰叶裹黏米，杂以粟，以淳浓灰汁煮之令熟，二节日所尚啖也。又煮龟令极熟，擘擗去骨，加盐豉、苦酒、苏蓼，名为菹(zū)龟，并以薤(xiè)蒸，用为朝食，所以应节气。裹黏米，一名粽，一名角黍。盖取阴阳尚相包裹未分散之象也。龟骨表肉里，阳内阴外之形，……皆所以依像而放，将气养和，辅赞时节者。"

《荆楚岁时记》："夏至节日食粽。周处谓为角黍。人并以新竹为筒粽。"可知早期的粽子是用菰叶包裹黏米，中间包上栗子，再用浓浓的小灰汁煮熟。这样煮出来的粽子，当然自有一份象征意义，这是取象"阴阳相包裹尚未分散"的意思。和粽子一起吃的另一份夏至节食是薤龟，因为和一般动物长得肉包骨相反，龟长得是骨包肉，是外阳内阴。夏至吃这两样东西，为的是模仿宇宙中阴阳变化之象，它们不是简单的

陕西关中农村，端午节这一天，娘要给新嫁的女儿送"花馄饨"面花，同时包60至100个糯米红枣粽子，寄寓恩爱甜蜜之意。 沈宇/摄

上海青浦区古镇朱家角，包粽子的老人。
陈锋/摄 图文天下/供图

广西隆林黑粽子，先以长寿草灰水将糯米泡染，然后以绿豆、板栗、五花肉等为心，用粽叶包制煮熟而成。 邓中元/摄 fotoe/供图

周作人《儿童杂事诗·端午》："端午须当吃五黄，枇杷石首得新尝。黄瓜好配黄梅子，更有雄黄烧酒香。"丰子恺插图。

食品，而是“将气养和，辅赞时节”的特殊节食。

屈原传说和端午食粽结合后，夏至食粽的习俗也渐渐被替代。到今天，纪念屈原成了关于粽子起源最为流行的解释。并且由此衍生出许多民俗事项。比如有一条非常流行的俗语说“食过五月粽，寒衣收入柜”，还有一条是“未食五月粽，寒衣不敢送”，从这里可以看出端午食粽已经成了节令转换的一种标志。天长日久，粽子的品类也发展很多。《岁时杂记》记云：“端午粽子，名品甚多，形制不一。有角粽、锥粽、筒粽、秤锤粽，又有九子糉。王沂公《端午皇后阁子帖》云：‘争传九子糉，皇祚续千春。’章简公《端午帖子》云：‘九子粘筒玉粽香，五丝萦臂宝符光。’”如今端午节的影响遍及全国，粽子的品类就更不胜枚举了。

(3) 其他节食

端午节的节食其实不仅限于粽子，因为端午节在中国有极为漫长的流传历史，很多地方依据自己的自然条件逐渐形成一些端午节的节食。比如黄梅戏《双想》中有这样一段唱词：

五月里想二妹又过端阳，
曾记得在妹家泪水汪汪。
每年的端午节共同庆赏，
割菖蒲和艾草插在门窗。
好发粑糯米粽摆在桌上，
小碟内装的是桂花白糖。
粉蒸肉炒黄鳝佐料老酱，
咸鸭蛋大蒜头酒拌雄黄。
老干娘她牵我首席坐上，
二妹牵膀膝边叫我快尝……

正如这段唱词中出现的“割菖蒲”、“插艾蒿”都是端午节俗一样，唱词中出现的“好发粑糯米粽摆在桌上，小碟内装的是桂花白糖，粉蒸肉炒黄鳝佐料老酱，咸鸭蛋大蒜头酒拌雄黄”，介绍的其实是农村的端午节食。如果说糯米粽、雄黄酒、大蒜头、咸鸭蛋是在中国很多地方都有的节食，那么食粽子要蘸“桂花白糖”和粉蒸肉、炒黄鳝、佐料老酱等，则非常反映端午节的饮食特色。南通地区也有民歌唱当地节食：

端阳时节忙碌人，剥粽蘸糖当早茶。
苋菜落油和片粉，面筋捣蒜拌黄瓜。
一方白肉连皮啖，两尾黄鱼带鳔叉。
烧酒醉来何物鲜，平桥脚下买枇杷。

此外，还有扬州的十二红，是和五行思想模式中五月端午属火色赤直接相关的。中国各地端午节究竟有怎样丰富的饮食文化，是今天我们需要认真调查和研究的问题。

【注】

1 李道和《岁时习俗与古小说研究》，天津古籍出版社2004年版，第174页。
2 《清俗纪闻》，中川忠英编著，方克、孙玄龄译，中华书局2006年版，第33—37页。
3 小南一郎《中国的神话传说与古小说》，中华书局1989年版，第42页。
4 黄石《端午礼俗史》，鼎文书局1979年版，第96—97页。
5 参见曲彦斌《宝鞍山端午节“克仗斗石”民俗探析》，《民俗研究》2003年第3期。
6 《朝鲜王朝实录》，韩国国史编纂委员会1984年版，第431页。
7 施立学《关东岁时风俗论》，吉林文史出版社1998年版，第193页。
8 杜台卿《玉烛宝典》，石川三佐男注本，日本明德出版社1988年版，第174页。

陆、端午的宗教习俗

正如我们前面所论及的那样，端午节是以五月阴阳转换为背景，综合吸收了古代五月五日、午月午日、夏至节等习俗而形成的节日。因此，如何躲避五月的阴阳转换带来的凶厄，得到平安，是五月端午直接面对的问题。五月赛龙舟的性质，学者闻一多从上古的龙崇拜的角度加以解释，而江绍原提出的送瘟神以除厄避凶的解释，从各地的具体情况看，后世的龙舟"送瘟神"的层面是很明显的。在古代的端午节，除凶避厄是节俗的一个核心目标。围绕这一核心出现了一系列习俗和做法。这是因为在科学尚未昌隆的时代，祈求神力的庇佑，是民间诸多非常流行的做法之一。

最早被用来呼唤神力的是桃木饰物和灵符。代表性的桃木饰物有桃印、印杖等。较早的端午节灵符，则可以"五月五日天中节，赤口白舌尽消灭"为代表。这样的灵符应当有很多异文，比如《敦煌诗集残卷辑考》收入的另一种灵符文字为："五月五日天中节，一切恶事尽消灭。急急如律令。"再后来，则直接出现了五月的保护神。在不同的时代和不同的地区，民间流行的端午节的保护神不止一位，以下就其中主要者略做介绍。

清末年画《张天师神马驱邪》 fotoe/供图

（一）张天师

端午有一位重要的守护神，这就是张天师。张天师即张陵，又名张道陵，《三国史略》记载说他是汉顺帝时人，入蜀居鹤鸣山，造符为人治病。道教典籍则记载他为汉代名臣张良之八世孙，汉建武十年生，上龙虎山司符箓，以杀鬼过多，推迟了九年才升天为仙。

《北史》记载北魏道士寇谦之说自己曾经遇到过老子。命令他继张天师之后为天师。北魏太武帝于是为他设立了天师道场。古代著名探险家郦道元注《水经》，记“白马戍有张天师堂”，可知有关张天师的信仰当时流行颇广。马端临《文献通考》云：“唐天宝后，汉天师子孙吉川嗣真教，册赠天师为太师。至元十三年，赐张正常号天师。”但到了明代，明太祖改赐称正一嗣教真人。此后明隆庆年间，因有谏臣奏称其不法，乃革夺号印。清乾隆年间，天师降为五品真人。但世间一般仍以“天师”称之。

天师道的流行，对于张天师传说的广泛流传起到重要的促进作用。

早在宋代，张天师收五毒的传说已经和端午节俗直接联系起来。宋人笔记小说中，有关端午节记载中，有很多都与张天师相关。比如《梦粱录》记载说：“五日重午节……以菖蒲或通草雕刻天师驭虎像于中，四围以五色染菖蒲悬围于左右。又雕刻生百虫铺于其上。却以葵榴、艾叶、花朵簇拥。……杭都风俗，自初一日至端午日，……以艾与百草缚成天师，悬于门额上，或悬虎头白泽（白泽是一种象征吉祥的神兽）。”从这些记载中，我们已经能够看到后代张天师故事的很多要素，比如骑虎、虎头、百虫、艾叶等。陈元靓《岁时广记》引《岁时杂记》记载：“端午，都人画天师像以卖。又和泥做张天师，以艾为须，以蒜为拳，置于门户之上，以镇恶。”制作张天师的材料，或以菖蒲草、或以通草，或画于纸上，或“和泥”为像，材质不同，但借张天师像以辟邪镇恶是一致的。我们还应当注意的是，和泥所作的天师像，艾为头，蒜为拳，形象多少有些滑稽，在这里我们能够感觉到，辟邪镇恶这样在两汉魏晋时代极为严肃的内容，在宋代节日的“佳节良辰”的气氛中，已经很大程度上丧失了其神秘性，成为欢乐节日生活中一个鲜明的节日符号。到了明清时代，与张天师相关的端午节俗也有记载。田汝成《西湖游览志余》记载当时："或以菖蒲通草，雕刻天师驭虎像于盘中，围以五色蒲丝，剪皮金为百虫之象，铺其上。却以葵榴艾叶，攒簇华丽。"又《古今图书集成》引《酌中志略》云："五月初一起至初五止，宫眷内臣穿五毒艾虎补子蟒衣。门两旁安菖蒲艾盆，门上悬挂吊屏，上画天师或仙子仙女执剑降五毒故事，如年节之门神焉。悬一月方撤也。"经过漫长时间的演化，张天师治五毒故事，在当时已经广为流行，并且影响到宫廷之内，成为宫廷内部端午节俗的重要组成部分。清代还流行天师符。《燕京岁时记》记载："每至端阳，市肆间用尺幅黄纸，盖以硃印，或绘天师、钟馗之像，或绘画五毒符咒之形，悬而售之。都人士争相购买，粘之中门，以辟祟恶。"清人《吴郡岁华纪丽》也记载："五月朔日，人家以道院所贻天师符贴厅事，以镇恶辟疫疠，至六月朔焚之。梵寺亦多以红黄白纸，墨画神符，分贻比户，则非天师符矣。小户粘五色桃印采符，每描画姜尚父及财神、聚宝盆之类。受符者必酬以钱米，谓之符金。"明清时代还形成了《混元盒五毒全传》这样长篇的端午故事，并且有戏剧与长篇小说保存下来。

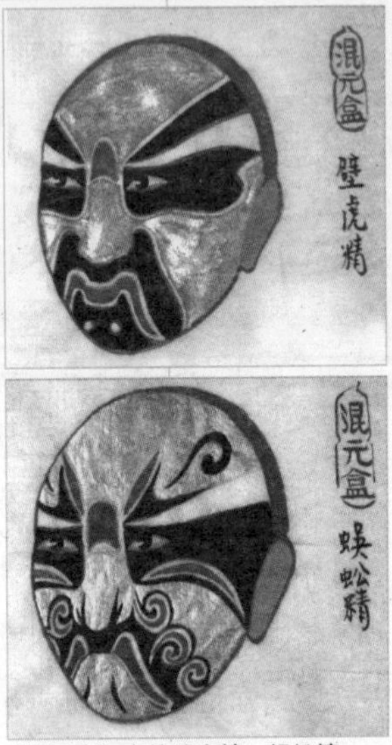

《混元盒》中的壁虎精、蜈蚣精
引自刘增复《京剧脸谱艺概》

（二）钟馗

钟馗是端午节诸多保护神中最常见的一个。他的影响力甚至漂洋过海，到了日本。《吴郡岁时纪丽》记载："吴中五月朔日，俗例堂中悬钟馗画像一月，以祛邪魅。或有悬关帝像及雷部神将画轴者。盖五月为毒月，俗咸以神像镇宅也。"悬挂钟馗像，盖因钟馗为捉鬼圣手。明人的《天中记》引用了唐卢肇《唐逸史》中一段有关于钟馗事迹的记载，这是钟馗事迹较早的记载之一：

明皇因疾，昼梦蓝袍鬼徒一小鬼，擘而啖之。自称终南山进士，誓除天下虚耗之业。乃诏吴道子如梦图之，批其后曰："灵祇应梦，厥疾全瘳。烈士除妖，实须称奖。因图异状，颁显有司。岁暮驱除，可宜遍识。以祛邪魅，兼靖妖氛。"

从这段记载中我们知道钟馗的来历，本出自唐明皇病中的白日梦。得了痁疾的唐明皇白日做梦，梦见了一位能退治小鬼的南山进士，猛醒后疾愈，遂请吴道子作画，并亲自题写了"岁暮驱除，可宜遍识。以祛邪魅，兼靖妖氛"这样的句子，并以之"颁显有司"。唐代确有翰林每年例于岁暮画钟馗并赐大臣，民间亦张贴其像于门首以示吉庆的习俗。开元时的著名诗人张说及其后的刘禹锡等，都有谢赐钟馗图和历日表的作品传世。另外，人们还在敦煌遗书中发现了唐写本《除夕钟馗驱傩文》，是为钟馗已在敦煌年底的大傩仪中扮演主角的实证。可见钟馗信仰从盛唐起已流行全社会各个层面。不过这个版本故事还显简略，钟馗的故事在后来流传过程中变得愈加丰富。《补笔谈》记载的版本就丰富了许多：

唐开元年间，唐玄宗在病中梦见一个小鬼偷走了他的玉笛和杨贵妃的绣香囊。唐玄宗大怒，正要派人驱鬼，忽然看见有一个大鬼奔进殿来。但见这个大鬼长得蓬发虬髯，面目可怖，头系角带，身穿蓝袍，皮革裹足，袒露一臂。他一伸手便抓住那偷东西的小鬼，剜出眼珠后一口吞将下去。在旁看到这一切的唐玄宗吓坏了，急忙问这大鬼是何方神圣？大鬼向前向玄宗施礼，自报家门说，自己本来是出身终南山的读书人，名叫钟馗。当唐高祖武德年间，他到长安参加武举，没有考上。钟馗羞愧于心，耻于归乡，于是触殿前阶石自杀。唐高祖可怜他的遭遇，赐绿袍埋葬了他。死后的钟馗铭感圣德在心，遂发誓替大唐除尽妖魅。睁眼醒来，唐玄宗的病也霍然痊愈。于是唐玄宗令画家吴道子按照自己的叙述画出梦中所见的钟馗，广颁天下，让世人皆知钟馗的神威。

（三）关帝

钟馗之外，关帝也是端午守护神之一。除《吴郡岁时纪丽》记载“吴中五月……有悬关帝像及雷部神将画轴者……以神像镇宅也”，日人著《清俗纪闻》卷一《年中行事》的端午条记载清人习俗对此也有所反映，其云：“是日，悬钟馗、关帝画像于堂上，像前供瓶内插菖蒲艾叶，门户左右亦插放根部包有红纸之菖蒲艾叶。另用红纸书写下述词句张贴于门外，均系去除邪气之意也。”

关帝即三国蜀之名将关羽，初封汉寿亭侯，死后被追谥壮缪侯。晋初得封勇壮关侯。其名于唐以前并不显赫。但令人觉得不可思议的是，自宋以后其神格地位日渐高隆。至明万历年间已封帝号，称“三界伏魔大帝神威远震天尊关圣帝君”。到了清代，更封之为“忠义神武关圣大帝”。这种巨大的变化，令很多人都觉得不可思议。清赵翼《陔余丛考》就曾经说：“鬼神之享血食，其盛衰久暂，亦若有运数而不可意料者。凡人之殁而为神，大概初殁之数百年则灵著显赫，久则渐替。独关壮缪在三国、六朝、唐、宋，皆未有禋祀……今且南极岭表，北极塞垣，凡儿童妇女，无有不震其威灵者，香火之盛，将与天地同不朽。何其寂寥于前，而显烁于后，岂鬼神之衰旺亦有数耶?”其实这种变化并不是没有办法解释。从宋以后，中国古代社会日渐发达的“说话”文学中，说讲《三国》已经成了一个非常受欢迎的门类，到后来更进而发展出古代四大名著之一的《三国演义》。正是三国故事的普及，才使关羽的形象一天天被放大。在《三国演义》

关帝像

广泛流传的明清时代，关帝崇拜进入最为兴盛的时代，全国各地大多修有关帝庙。

五月以关帝像避邪。除了关帝信仰的普及，大概还与五月与关帝的联系有关。世间所传关帝与五月的关系有二，一是相传五月十三日为关帝生日。一是相传五月十三日为关帝当年单刀赴会之日。《清嘉录》记载，五月十三日为关帝生日，官方要在周太保桥致祭。当时“吴城五方杂处，人烟稠密，贸易之盛，甲于天下。他省商贾，各建关帝祠于城西，为主客公议规条之所，栋宇壮丽，号为会馆”。到五月十三日前，关帝祠已经“割牲演剧，华灯万盏，拜祷唯谨。行市则又家为祭献，鼓声爆响，街巷相闻”。《续文献通考》也记载：“岁五月十三日，祭（关帝）以太牢果品五帛，遣太常寺官致祭。国有大事则告。”说来关帝生日别说甚多。一种说法为六月二十三日，元至正年间将仕郎仆颜花《关帝庙碑》云荆楚之人相传关帝生于六月二十三日。又冯少渠《关帝祖系记》云：“侯（关帝）以桓帝延熹三年庚子六月二十四日生。”山西孝义、浮山、新绛等地俗称四月初八为“关夫子生日”。但流传最普遍、影响最大的还是五月十三日的说法。关帝生于何月何日，查考《三国志》及当时其他的典籍，均无记载，为什么后来五月就莫名其妙成了关帝的生月？良不可解。认为五月十三日为关帝赴单刀会之日，见于刘侗、于奕正《帝京景物略》卷二：“（五月）十三日，进刀马于关帝庙，刀以铁，其重以八十斤。纸马高二丈，鞍鞯绣文，辔衔金色，旗鼓头踏导之。”潘荣陛《帝京岁时纪胜》也记载说：“岁之五月十三日为单刀会，是日多雨，谓天赐磨刀水云。”富察敦崇《帝京岁时记》“磨刀雨”条称：“京师谚云：‘大旱不过五月十三。’盖五月十三日，乃俗传关壮缪过江会吴之期，是日有雨者谓之磨刀雨。”不论是把五月十三

河南省洛阳关林庙大殿前清代铸造的青龙偃月刀　周沁军/摄　fotoe/供图

日看成是关帝生日，还是把这一天看成是单刀赴会之日，五月既然有关于关帝的特殊纪念日，很多人自然会想到关帝的存在，并把关帝请出来守护家宅的平安。

（四）瘟神

瘟疫不论古今中外都是人类生活的大敌。烈性传染病、急性传染病这些能给群居的人类带来巨大危害的传染病，对于古人来说是不可解并且极为可怕的存在。古人很早就意识到这些传染病的存在。《黄帝内经·素问》云："五疫之至，皆相染易，无问大小，病状相似。"在中国古代，这些瘟疫被看成是"天降之疾"，得病者不分男女老少，并且"无法而治之"。我们今天依靠科学知识，能够采取各种办法与瘟疫做斗争，但古人对于为什么会有瘟疫流行，尚没有今天的卫生知识，也没有今天这样多科学的防治手段。在他们的头脑中，可怕的瘟疫是来自上天的可怕力量。于是他们创造出瘟神来加以崇拜，期望借助对瘟神的祭祀求得生活的平安。古代传说中的瘟神，共有五位。他们是春瘟张元伯、夏瘟刘元达、秋瘟赵公明、冬瘟钟士贵、总管中瘟史文业。他们原是五方力士，在天为五鬼，到地上就变化为五瘟，降临地上则代天"行时病"。这"时病"就是"无法而治之"的瘟疫。

赵公明像

五月祭祀瘟神的习俗，不见于国家祀典，但却来源久远。按照《三教源流搜神大全》的说法，隋唐都是在五月五日祭祀瘟神。对于端午节深有研究的黄石先生，曾经在河北定县的"瘟神庙会"做过田野调查。根据他所见定县"五瘟神祠"前的明弘治十七年庙记的记载，这所“五瘟神祠”“肇自隋开皇年间，以迄于今”，其祭祀时间也是每年五月四日至六日。（五月初五则是庙会的高潮，五月六日上午还比较热闹，所以当地称之“一天半的庙”。）这种五月端午祭祀瘟神的风俗，后世一直都有流传。《夷坚志》记载长沙地方五月祭祀瘟神的风俗说：“长沙土俗，率以岁五月迎南北两庙瘟神之像，设长杠舆几三丈，奉土偶于中。恶少年奇容异服，各执其物，簇列环绕，巡行街市。竟则分布坊陌，日严香火之荐，谓之‘大伯子’。至于中秋，则装饰鬼社送之还，为首者持疏诣人家裒(pó)钱给费。”《夷坚志》记载说，有一位读书人杨伸因为不肯交这份钱，结果半夜梦中五位瘟神临宅和他谈论经史文章。好在杨伸见机得早，意识到自己的错误，第二天马上改正了，所以没有闹出什么祸事来。细心的读者可能已经发现，瘟神是五位，称为“五方力士”，选择祭祀瘟神的日子也在五月五日，既然有这么多的五，这瘟神肯定与五行有一定的关系。历史上确实就是这样，古代人世界中的这五位瘟神的形象，就是和五行思想紧密关联。比如这五位瘟神的形象，显圣将军春瘟张元伯穿青袍，显应将军夏瘟刘元达穿红袍，感应将军秋瘟赵公明穿白袍，感成将军冬瘟钟士贵穿黑袍，感威将军总管中瘟史文业穿黄袍。

瘟神和福神、寿星、财神不同，人们出于对瘟疫的恐惧不得不祭祀它，但心里却希望和他的距离越远越好。所以，五月初五祭祀瘟神的习俗，在很多地方自然就和龙舟结合，演进成了五月初五送瘟神的习俗。谢肇淛《五杂组》云：“至于竞渡，楚蜀为甚。吾闽亦喜为之，云以驱疫。有司禁之不能也。”龙舟送瘟神，有水的地方当然送到水边。《古今类纂》引《便民图纂》云：“五日祀五鬼，揭门符祛邪。《神隐》云：‘溪河之间，午日大会，挝鼓以送瘟鬼。’”《古今图书集成·历象汇编·岁功典》记载广东南雄：“天中节……是日午，则茅船异天符神压船送河，云‘遣瘟’。金鼓殷雷，齐唱船歌……”又湖北大冶：“五月十八日送瘟。纸做龙舟，长数丈，上为三闾大夫像。人物数十，皆衣锦绣彩缯，冠配器用以银制，费近百金。送之至青龙堤焚之。其盛它处罕比。昔人沿送穷之遗制，船以茅，故至今谓之‘茅船’。而实则侈矣。”一些没有水的地方，也同样准备拉瘟神的龙舟。如山西阳曲“仲夏之月，五瘟庙僧，令人曳车作龙舟状，列五瘟神像，具铙钹，从朔日起，遍游街衢。人具剪衣带少许，投钱米中施之，俗曰‘送瘟船’”。又湖北武昌“五月十七日，小儿女悉赴瘟司庙上枷。次日，庙神出游，舁者饰玄帽，簪五色花，沿街曳茆船，谓之‘逐疫’”。至于没有河水的地方，龙舟最后怎么处理，江西湖口的这一段送瘟神的记载非常有启示性：“五月十八日，为纸龙舟，形如真者。皆结采装戏，游于市中。所过民家投以五谷盐茶，名曰‘收瘟’。游毕，送至郊外焚之。”(《古今图书集成·岁功典》)我想大多数没有水可以放龙舟的地方，最后也不会把瘟神留下，大概都会送至郊外焚化吧。以龙舟送瘟神的做法，在全国各地非常普遍。以至于江绍原先生以此认为龙舟竞渡的起源，就是起于送灾。他在《端午竞渡本义考》中对这一观点做了如下解说：

> 我国各省在五月都有划船送灾，或命意与此同而表现不同的民俗。举行的日期不一定是初五，虽则大半似用此日。私人们和公众，其时有种种禳灾的举动。竞渡就是公共禳灾式中最重要的一种；不过是有些地方并无所谓竞渡而只是用车扮或用茅竹、纸等物造成一船，船上有时放种种人物或瘟神的像，导以旗帜乐队，遍游全地收灾，然后把船或者烧掉，或者泛于水中。……所谓竞渡，其前身本是公众禳灾仪的一节目。后来才逐渐生长成，或云脱胎为真正的“竞渡”。[1]

竞渡是否起源于禳灾，我们这里不做讨论，但龙舟送瘟神的习俗影响之大，广大读者应当能够感觉到了吧。

按照典籍的记载，送瘟神多于五月五日，但并不限于五月五日。正如我们前引的这些材料反映的那样，有的早开始于五月三日，有的则晚到五月十八日。特别是五月十七、十八日，更是和五月初五一样，是祭祀瘟神的节俗出现得比较集中的日子。这一方面可以说，是中国地域辽阔，同一种风俗在不同地区发生变异是很自然的，同时也可以看出，五月祭祀瘟神的做法，与其说是针对五月初五这一天，不如说是针对的五月这一特殊的月份。发生在各地祭祀瘟神的习俗，应当与我们前面讲到的古人对五月是“阴阳争，死生分”的月份，是一阴初起的月份这些观念相关。另一方面我们还应当看到，古人们在这样的时期祭祀瘟神的背后，有着千百年生活积淀的智慧。因为从五月开始，人们的生活进入到了一年最热的一段时期，这也是流行病、传染病相对比较易于发生的时期。

（五）韦陀、雷神与其他

端午节即是民间大节，并且道教方面有这样多的作为，佛教当然不肯坐视之。佛教中和张天师、关圣、钟馗一样具有保护神的神格的，是韦陀。所以在信佛人家，端午节也有悬挂韦陀像的习俗。韦陀是佛教护法天神。庙里面的韦陀像一般都塑成童子或少年将军模样，全身着甲胄，手持金刚杵，衣带飘飘。据说他是四大天王中南方增长天王手下的八大神将之一，善能驱除邪魔，还有一个大本事，就是善于奔跑。据说他能“日遍三洲，寻声感应，法力无穷”。佛教书籍中有关于他的一段故事记载。说是曾经有邪魔外道偷走了佛骨，全赖善跑的韦陀一路追赶，最后把佛骨夺了回来。此外，从《吴郡岁时纪丽》“吴中五月朔日，俗例堂中悬钟馗画像一月，以祛邪魅。或有悬关帝像及雷部神将画轴者。盖五月为毒月，俗咸以神像镇宅也。”这段记载，我们还可以看到“雷部神将”的字样。可见雷神也可以进入端午保护神的行列。篇幅所限，这里就不做展开了。

山西平遥双林寺明代韦陀彩塑

（六）蛊毒

和端午的民间信仰相关，我们最后还想介绍一下一种非常特殊的民间宗教习俗，这就是南方的蛊文化。有关蛊毒的文化，可以说是古代中国文化最神秘的一端。从养蛊致富的传说，到人们给蛊毒定下的可以无声无息食人五脏的独特习性，到摆脱蛊毒的特殊方法，与蛊毒有关的记载中，无不透露出一种神秘而阴抑的气息。

蛊的原意，是指以谷物为食的蛾虫。《左传·昭公元年》："谷之飞亦为蛊。"杜预注云："谷久积则变为飞虫。"谷米放久了会生虫、生蛾子，利用今天的科学知识，我们知道这是五谷久存而米虫产卵其中，日久孵出飞蛾。但这一自然现象在古代则被看得很神秘，米中的飞蛾被看成是久存的米谷所变化。"蛊"还指有害的热毒之气。《史记·秦本纪》记："(秦德公)二年，初伏，以狗御蛊。"《正义》以为"六月三伏起秦德公为之。故曰'初伏'……蛊者，热毒恶气，为害伤人。故磔狗以御之"。我们今天所说的"蛊毒"，指的就是传说中利用蛊虫把"热毒恶气"集于一身用来毒害人的一种特殊手段。有关"蛊毒"的相关记载出现非常早，在六朝时代已经很流行。

制造蛊毒的方法，《隋书·地理志》记载说：

> 其法以五月五日聚百种虫，大者至蛇，小者至虱，合置器中，令自相啖。余一种存者留之。蛇则曰蛇蛊，虱则曰虱蛊，行以杀人。因食入人腹内，食其五脏，死则其产移入蛊主之家。三年不杀他人，则畜者自钟其弊。

养蛊是古代南中国一些地区的一种特殊风俗。隋以后，这样的记载一直不绝于书。《夷坚志》补志卷二三之《黄谷蛊毒》，非常生动地记载了福建的蛊毒传说。据说福建各州大抵皆有蛊毒，而数古田、长溪两地最盛。蛊毒大致有四种：蛇蛊，金蚕蛊，蜈蚣蛊，虾蟆蛊。这四种蛊都能够变化，平时是躲起来不常看到的。毒蛊大都有雄有雌，雌雄交合又大都有确定的日子，日子短的数月一交合，日子长的一年一交合。到毒蛊交合的日子，毒蛊之主家要备礼迎降。先准备一盆水于前，雄雌出来到水中相交，而这时蛊毒就会漂浮到水面上。于是用针眼刺取之，并且一定要在这一天毒害一个人。这是因为蛊毒借用的是阴阳化生之气，它需要寄托到人的肚子中才得孕育，过夜就不能再生了。所以这一天有客人来，不管他是自己怎样亲的亲戚或同族同宗的人，都一定要对他下蛊毒。所有的饮食药饵都可以用来下蛊，不过不能放到太热的汤中，因为过热毒蛊会被烫烂。这一天如果没有外人来，那么就会从自家推举一个人出来承受这份蛊毒之苦。据说淳熙二年，古田人林绍先的母亲黄氏遭到蛊毒，将要死去，他家里人说："如果是中蛊，就应当烧掉床箦（zé）来照，那样的话她就能自己讲出缘故来。"这样做了后，果然黄氏开口说："某年某月某日，是黄谷之妻赖氏在某食物中下蛊毒给我吃。她所养的毒蛊之神，现在还在谷家房子的橱子中。"林绍先于是召集地方人等，到谷家打开橱子，在那里找到银珂锁子、五色线环及小木棋子，棋子两面书写着"五逆五顺"四个字，装在一个七孔的盒子中。又找到两包针，各有五十枚，其中十一枚没有针眼，根本就不是寻常人家所用的。于是以此告官，抓到黄谷，审问他他就假作死亡，放开他就活过来。好像有鬼在帮助他。这时会稽来的余靖做主簿，州府行文书委任他审理此案，黄谷还是像在县里那样用假死的手段来应付。余靖没有办法，眼看他最后要逃脱法律的惩罚，心中愤恨无比，于是把他捆在院庭下，磨刀砍下了他的首级，装到竹篮子中拿着到州府自劾请罪。州府的长官陈魏公听明白前后经过后，派遣了提点刑狱谢师稷去查究事实真相。谢师稷与县丞、县尉亲自到谷家去勘察，发现非常大的蜈蚣。谢于是说："这就是明证啊。于是抓起赖氏带回衙门自己亲自审讯。三日后都讯问明白了，最后赖氏也断了死罪。那枚顺逆棋子，是蛊虫降临时用来占卜的。占卜时出现顺就让客人承蛊，出现逆就让家人承蛊。针之所以无眼，是因为用针眼承药，用过后的针眼部分弃掉了。也就是说被蛊杀的人已经有十一个人了。

那些五色线，是因为大凡蛊虫都喜欢食锦，但因为找不到锦线，就用五色线做替代品。银珂锁则是要嫁祸别出时，用来弃置路边以引诱别人拾取的。

这个故事是有关蛊毒的一个非常经典的范本。这种养蛊毒的习俗，在南方云南、贵州、广西等省份的少数民族地区还有存留。据说，那些"有蛊"的姑娘和妇女，她们的一针一线、一衣一物（特别是绣花用的丝线和饲养的蚕虫），即使丢在路边或赠送他人，也没有人敢要；如果谁要了"蛊"就会通过这些细小东西传到接受者家中女人的身上，这家也变成"有蛊"的人家了。一些苗族青年男女就因为出生于"有蛊"之家，三十多岁都未能婚配。有学者研究指出，有关"蛊"的迷信给贵州西江地区的苗族家庭带来了很大的不幸。因为"蛊"是害人的，因此凡被认为有"蛊"的家庭，在社会上都会受到孤立。由于怕被社会孤立，因此许多苗族家庭娶媳妇、嫁女儿时，首要条件就是看对方是否"干净"（即有没有"蛊"）。解放前雷山某地主家的一位小姐长得十分漂亮，但因她家"不干净"而嫁不出去。[2]

至于为什么养蛊毒也重五月五日呢？这一点疑问笔者还没有找到合理的解释。按照道理，五月五日并不是毒虫的毒最强最恶的时期。一个可能的答案是，五月是个一阴初起的月份，五月五日被看成是阳气已极、阴气初升的转折点。在天地阴阳之气转换这一转折点上，刚刚开始蛰动的毒虫，它们体内的毒和一阴初起的"阴"气一样，得天地变化之大势，其毒最极，且力量最精。

【注】

1 江绍原《端午竞渡本义考》，见《江绍原民俗学论文集》，上海文艺出版社1998年版，第218页。

2 张晓《西江苗族妇女人生经历调查》，《民间文化》1984年第4期。

柒、端午在东亚

历史上，中国古代文化曾经是东亚地区最先进的文化。它对中国周边国家和地区，诸如日本、朝鲜、越南等都产生了巨大的影响。在古代人的世界中，时间并不仅仅是物理意义的时间，它还是现实社会政治秩序的一种表现。所以，中国传统节日文化作为中国古代传统时间秩序的一部分，在古代是具有浓厚政治属性的。中国古代历法构成了东亚主体性的时间秩序，而节日体系附丽于这一时间秩序之上，其文化影响力因而广泛辐射于周边国家地区并不断融入各个国家和地区的文化之中。到今天，它们已经根植于东亚各个国家和地区特定的文化风土之中并经历了漫长岁月的淘洗，和生活于这片土地的民众产生了密不可分的联系。可以说，中国的古代传统节日文化，从很久以前开始已经是东亚地区很多国家共通的文化财富。古代中国的端午节文化在日本、在朝鲜半岛、在越南的传播和影响，是今后需要认真研究的课题。

（一）日本

在今天的日本，每年五月五日是日本的男儿节。

早在五月五日到来之前半个月左右开始，在日本各地都会看到许多家庭挂出的一面面鲤鱼旗。日本的民俗学家们解释说，挂鲤鱼旗，是为了祈愿自己家的孩子顺利成长。之所以采用挂鲤鱼旗这种方式，一是取意于中国古代鲤鱼跳龙门的传说，认为鲤鱼是出世鱼；一是取意鲤鱼生命力强，多子、繁殖能力强，挂鲤鱼旗有祈求多子多孙的涵义。鲤鱼旗有大有小。大的被高高的旗杆挑起，顺风飘动，像中国的风筝一样在天空甩着长长的尾巴，小的只有一胳膊长，插在门口。大大小小的鲤鱼旗飘飘扬扬，像是在宣告家业的后继之人正在茁壮成长。

飘动的鲤鱼旗　fotoe/供图

说来日本的男儿节本是由中国端午节发展过来的。但从中国古代的端午开始影响日本到形成今天的男儿节，这其中有着相当长的演进过程。

通常日本学者谈到五月端午传到日本，都从7世纪的奈良时代说起。然而，如果直接追根溯源的话，与五月端午相关的观念传到日本，很有可能可以追溯到3世纪。在7世纪日本历史资料中正式出现端午的相关记载之前，有关五月阴阳消息的变换、有关五月午日的观念意识很可能早已经传入了日本。

在中国古代，“五月俗称恶月，多禁”。为了禳解毒气，古人有采集艾草悬门户之上的习俗。在南中国更盛行采药之俗。《荆楚岁时记》载：“是日，竞渡，采杂药。”又云：“是日竞采杂药。《夏小正》：‘此月蓄药，以蠲除毒气。’”采药之外，端午之日制药也被认为别有奇效。《养生论》云：“五月五日宜合截虐鬼哭丹。”唐孙思邈《千金方》云：“五日取葵子微炒为末，患淋者食前温酒服一钱，立愈。”在此日采药制药的特殊之处，实际上都在于取端午的至阳之气以镇此后开始萌生的阴气。在日本古代，五月五日也有药猎、采药之俗，这应当是受中国影响形成的。此外，在日本古代朝廷中，与端午节相关的节庆活动，展开得也非常之早。比如《日本书纪》天智天皇十年(671年)，“五月辛丑(五日)，天皇御西小殿，皇太子、群臣侍宴，于是再奏田舞”。文武天皇大宝元年(701年)五月五日，天皇“令群臣五位以上出走马，天皇亲临焉”(《续日本纪》)。在《养老令·杂令》(718年作成，757年实施)中，五月五日正式被定为节日。经过不断的演进变化，到了平安时代(794—1185年)，作为国家节日的五月五日的习俗，其内容已经发展成为由四月二十八日的驹牵、五月五日、六日献菖蒲、赐续命缕、骑射、走马、杂技、奏乐等构成的综合行事体系。

平安时代的端午行事中有献菖蒲一项，这一习俗是从中国的端午习俗中演化而来的。《续日本纪》天平十九年(747年)五月条载：“太上天皇诏曰：昔者五月之节，常用菖蒲为缦，比来已停此事，从今而后，非菖蒲缦者勿入宫中。”可知，早在天平十九年以前五月节已经有用菖蒲为缦的做法。但是究竟早到什么时候，不得而知。不过《万叶集》卷三所收山前王的挽歌中已经提到使用菖蒲。山前王是天武天皇的孙子，逝于养老七年(723年)。所以，这一风俗可以确认在天平十九年前二十几年已经存在。五月五、六日所用菖蒲，通常每年五月三日由六卫府献上，这些菖蒲四日由内药司、典药寮用来装饰成菖蒲舆(又称菖

日本端午图

蒲案、菖蒲蓬），五月五日，中务省率内药司、宫内省率典药寮分别将之献上天皇。事详《内里式》、《仪式》。端午使用菖蒲的习俗后来在日本民间更广为流传。

另一项赐续命缕，也是从传自中国的端午习俗中演化而来的。《荆楚岁时记》也记载了古代中国的端午节俗中有以五彩丝系臂的做法，名之为“辟兵”。五彩丝的名称甚多：“一名长命缕，一名续命缕，一名辟兵缯，一名五色丝，一名朱索，名拟甚多。青赤白黑以为四方，黄为中央，襞方缀于胸前，以示妇人蚕功也。”据说戴之“令人不病瘟”。这五彩丝当即相当于日本古代端午赐予臣下的续命缕。值得注意的是，日本人开始可能接受的是以五彩丝系臂的做法，但后来则演化为佩戴“药玉”。《延喜式》(927年成书)载：“凡五月五日药玉料，菖蒲、艾、杂花十捧，三日平旦申内侍司，列设南殿前。”可知所谓“药玉”的原料，是菖蒲、艾、杂花等。《九历》则对“药玉”的佩法作了详细的记载：“佩续命缕体，先当左胁，以一筋从右肩超，以一筋自左胁出，而相合当前结，以二筋当革带上，自后前回，而结右袖下。但二重之绪四筋，随草垂也。”

端午节纪念屈原投水而死的说法也很早便传入日本。天平胜宝五年正月四日，日本博士中臣丸连张弓等就中国古代节日的起源向孝谦天皇提出了一份勘奏。从文献记载看，端午节食粽子的风俗也很早就传入日本了。《师光年中行事》引《宇多天皇御记》云：“宽平二年(890年)二月卅日丙午，仰善(膳)曰，正月十五日七种粥，三月三日桃花饼，五月五日五色粽……俗间行来，以为岁事，自今以后，每色弁调宜供奉之。”从“俗间行来，以为岁事”这八字里，可推知五月五日食五色粽当时已经颇为普遍。

前面说过，端午使用菖蒲的习俗后来在日本民间广为流传。随着时间的推移，在做法上逐渐演变为在自己的家门口插上避邪用的菖蒲枝。日语中菖蒲的发音和“尚武”的发音相同，加上古代日本传统的射礼、走马也大多在这一天举行，盘马弯弓在古代日本当然又是男儿的事情，伴随武士社会的出现，天长日久，端午节就演化成了男儿节。至于挂鲤鱼旗的习俗，最早是出现在室町时代（1336—1573年）的武士之家，到了江户时代（1603—1867年）中期，在一般民众中间也开始流行，但这已经是很后来的事情了。

（二）韩国

作为中国的近邻，韩国文化上一直受到中国古代文化的影响，是素有“小中华”之称的“东方君子之国”，很早就开始采用中国历法，并随中国历法进步而不断更新。《三国史记·新罗本纪》第七即记载新罗文武王十四年“入唐宿卫大奈麻德福传学历术还，改用新历法”。比较特殊的一段是新罗宪德王时采用唐朝《宣明历》后一直使用到元代，才改用郭守敬《授时历》。

因为长期使用中国古代历法，韩国古代具有和中国一样的时间框架，其岁时活动很自然会受到中国的影响。清光绪年间，许午在《朝鲜杂述》中记其朝鲜见闻云：“俗于元旦、寒食、端阳、秋夕（谓中秋也）皆行墓祭，但元旦、端阳二节，诸祭撰略减耳。”[1]可知直到朝鲜李朝末年，朝鲜半岛的节日仍旧受到中国巨大的影响。中国古代端午节的节俗，很早就已经影响到朝鲜半岛。纪念屈原的传说、吃粽子、赠扇以及种种趋

韩国江陵端午祭：祭奠大关岭城隍神和女城隍（左），重要的游艺活动——官奴假面具（右）。 莽九晨／摄 fotoe／供图

吉避邪的习俗，都在朝鲜半岛有广泛的流传。这我们在前边行文中陆续有过交代，所以这里只着重谈一下江陵端午祭问题。

说到端午节在韩国，很多读者一定会想到江陵端午祭。江陵端午祭因成为世界非物质文化遗产而在全世界都获得极高的知名度。很多人经常把它与中国的端午节直接画上等号。那么，江陵端午祭和中国的端午节是什么关系呢？著名民俗学家贺学君研究员曾亲赴韩国考察，并在《民间文化论坛》2006年第1期发表过文章，专门讨论韩国江陵端午祭。贺学君研究员认为，韩国江陵端午祭早已于1967年即被韩国政府确认为“文化财13号文化遗产”，受到法定保护。现在，韩国国家对“端午祭”的定位也十分明确。即江陵端午祭是一项民俗“庆典活动”。这项活动始于岁时风俗的端午节，但如今发展成为“尝试新文化、探索新生活方式”的现代庆典活动。它的内涵包蕴的是民众巨大的希望、平凡的生活哲理、隐藏在人心背后的欲望。庆典活动的内容由祭仪、演戏、游艺（游戏）等几部分构成，集中体现“一年的文化成果”，在传统的祭礼中“赋予现代文化因素”，但仍强调“祭仪是庆典活动最终目的所在”，“庆典活动的意义取决于祭仪”。江陵端午祭，虽然与我国的端午节在时间上有相合之处，也可能最早是从我国传播过去的，但从目前其所行的仪式分析，可认为它确实是属于韩国江陵民众的：仪式中所祭祀的对象是

韩国江陵端午祭：迎神祭，游行队伍绕城市一周（左）；巫祭（右）。　莽九晨/摄　fotoe/供图

他们信仰中的神话人物，祭祀所执礼仪具有明显的江陵地方特色，尤其风物游艺更表达出他们代代相传的文化底蕴。

贺学君研究员指出，政府的有效管理，是传统文化得以保护与传承的制度保障，任何一个国家（民族），其政府都要以这样那样的方式介入民俗事象的管理。这种管理，由于与政府的权力相结合，具有很强的影响力；又由于权力的影响，有积极和消极之分，便显出有效和负效两个方向。在实践中，政府的有效管理，实际上是传统文化保护和传承的制度保障。这方面，韩国政府为我们提供了成功例证。[2]

韩国的江陵端午祭是一个内容非常丰富的祭典活动，它有很多不同的侧面。单就江陵端午祭和中国的端午节之间的联系来说，一方面它毫无疑问接受了中国古代岁时文化中端午节俗的巨大影响。另一方面，它又是生长在朝鲜半岛的本土祭典。要理解这一点，不妨审视一下朝鲜半岛岁时文化的发展历程。《三国志·魏志·东夷传》记载韩国古代每年五月播种和十月收割等农事完毕时有“祭鬼神，群聚歌舞”的习惯。其云：“以五月下种讫，祭鬼神。群聚歌舞饮酒，昼夜无休。其舞，数十人俱起相随，踏地低昂，手足相应，节奏有似铎舞。十月农功毕，亦复如之。”韩国学者张筹根认为，韩国的端午祭祀展开时，正好与插秧结束后的这一“祭鬼神群聚歌舞”的习俗在一个节期。所以韩国的端午节俗可以说有漫长积累的历史。根据韩国学者的介绍，今天韩国的端午节期仍旧与插秧播种结束期一致。所以，张筹根先生的观点是非常值得重视的。不过，在今天韩国端午祭中的祭祀部分，包含多少古老年代的“祭鬼神”的因素，却很难做出判断。因为今天韩国很多地方的端午祭，包括申报了世界非物质文化遗产的江陵端午祭，都和中国的端午节一样，吸纳了五月其他节日的节俗，特别是江陵端午祭更直接与五月的城隍祭相重合。在江陵端午祭的整个仪式过程中，城隍爷和城隍奶奶无疑是仪式相关诸神的核心，两者在仪式中的会合意味着阴阳的交合，也蕴含着“阴阳交合而化生万物”的祈愿，这与稻种后祈求丰收当然是一致的。

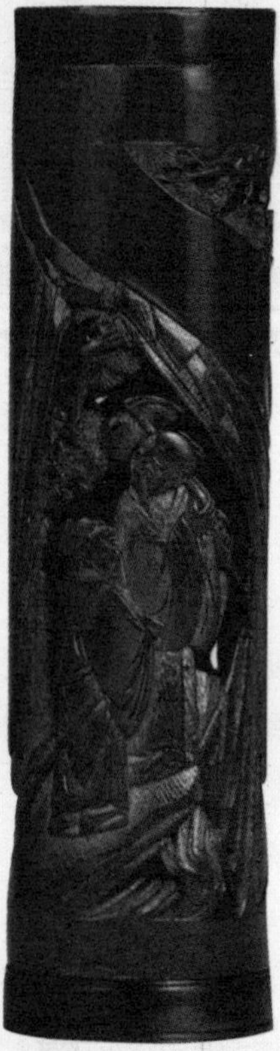
竹刻刘阮入天台笔筒
上海博物馆藏

而我们想强调的是，五月祭祀城隍的活动，并不是源出朝鲜半岛的，而是在北中国广泛流行的民间祭祀活动。看来在韩国端午祭中，究竟哪些祭祀要素是纯粹韩国式的，今后还有认真细致加以分析讨论的余地。

（三）越南

朱云影《中国文化对日韩越的影响》一书中指出："越南自秦汉以降，为中国郡县有一千年之久。在这悠长的期间，中越相处无异一家，越人耳濡目染，自然不知不觉染上华风。"[3]在这样大的文化背景下，中国节俗因此也自然影响及于越南。《大越史记·全书本纪》卷五《陈纪》记载："天应正平五年(1237年)夏五月，端午节，吊屈原及古贤人如介子推者，每年是月皆举行之。"

然而前面这段关于端午节的记载，应当是端午节早已经影响到越南后很久发生的事情。尽管我们今天很难说清楚端午传播到越南的具体时间，正如前面所介绍的，端午节产生后，只是在早期才有在端午日纪念介子推的做法。因此，在越南的端午节俗中出现纪念介子推这一内容，可以说是提示我们一种可能性，即端午节在很早的历史时期便已经传到了越南。

端午节是越南人很重视的一个节日。关于端午节的起源，越南除流传有纪念屈原的传说，在行医之人那里，还增加了刘晨、阮肇入天台山采药的内容。这段故事早见于刘义庆《幽明录》，讲刘、阮二人入山采药遇到两位仙女，相处半年，返乡时人世间已经过去数百年。两人再度回山，山也已经无复旧观。这段故事被归附于端午节，增加了端午节的内容。据说越南人有“虫为恶缘”的观念。所以端午有除虫的习俗。端午节清晨，父母会为子女准备各种节食——糯米酒酿、黄姜糯米饭以及柠檬、杨桃、李子等酸味水果。在越南南方，孩子吃西瓜、芒果、煮鸡蛋，喝椰汁；大人则饮雄黄酒，并将雄黄涂于小孩子的头上、胸前、肚脐等处，以便驱虫。[4]

越南留学生阮氏灵秀回忆说，在越南流传的民间传说中，有很早以前一位著名的医生“海上”在端午节去山上采摘草药叶子的说法。越南人的端午节俗很有自己的特点。早上起床洗脸后大人要用泡湿的石灰点在小孩下巴底下前颈上，以“杀害虫蚊子”。然后大家会开菠萝吃。每家每户在端午这一天要煮黄栗粥和糯米饭。中午宰鸡煮猪肉，先供奉祖先，然后全家饮雄黄酒，吃饭。民间传说这一天的草叶有治病的特殊功效，所以普遍流行“初五摘叶”的习俗。[5]

【注】

1 许午《朝鲜杂述》，《小方壶斋舆地丛钞》第十帙。

2 贺学君《韩国非物质文化遗产保护的启示——以江陵端午祭为例》，《民间文化论坛》2006年第1期，第67—75页。

3 朱云影《中国文化对日韩越的影响》，广西师范大学出版社2007年版，第422页。

4 张加祥、俞培玲著《越南文化》，文化艺术出版社2001年版，第132－133页。

5 参见过伟主编《越南传说故事与民俗风情》，广西人民出版社1998年版，第243页。

捌、端午与现代社会

在中国社会的节日生活中，端午节占有着重要的地位。2007年中华人民共和国发布政令，把部分传统节日放到国家法定节日体系中来。端午节就是规定中的一个。2009年，端午节被联合国教科文组织正式批准为“世界口头和非物质文化遗产”，成了中国传统节日中成功申遗的第一号。那么，在今天中国人的生活中，作为传统节日之一的端午节，有哪些现代意义呢？我们应当建设怎样的端午节文化？2008年，笔者曾经接受中央电视台端午节节目组的采访。这是在那次采访中，记者提出的一个非常重要的问题。

那么，在端午节与未来中国人的社会生活之间，有哪些重要的接点呢？我们今天应当建设怎样的端午文化？这里我谈三点看法。

第一，端午节首先是一个爱国主义的节日。

在笔者看来，爱国主义和端午节之间的联系，是端午节直到今天仍旧占有重要地位的原因之一，也是今后端午节将长期得到社会重视的保证。事实上，在中国完成由中华帝国向民族国家的转型过程中，接受欧风美雨的淘洗，很多传统节日失去了美丽的光环，逐渐被人们遗忘。但端午节却成功地完成了自我转型，在现代社会生活中一直占有一席重要位置。构成这一转型的核心观念，就是爱国主义。而端午节能够成功完成这一转型，主要依靠的文化资源，是屈原传说。

闻一多先生提出，端午节并非真正起自屈原，这无疑是正确的。正如我们在第四章所论及的那样，我们认为屈原传说最初得以附着于端午节，应当与屈原在楚地的水神神格有关。可是，问题并没有在端午节并非起源于屈原这里结束。因为我们此时还必须面对一个现实的问题，这就是直到今天，如果我们向老百姓询问：端午何以吃粽子？端午何以赛

四川会东县城，端午节前买卖草药的人们。　邓中元/摄　fotoe/供图

龙舟？民众的标准回答大概最多的仍旧是屈原传说。也就是说，在中国这块大地上，尽管端午节并非起源于屈原已经是被证明了的科学常识，但在学界所取得的这份全面胜利，在民众层面却面临着完全被漠视或者说无视的境地。我们在这里不得不思考一下，这究竟是因为什么？在这里，我们须认真思考，屈原传说为广大民众所接受的理由是什么？

历史上，对于屈原的评价，很早存在不同的声音。大史学家班固就对于屈原颇有微词，以为他的诗章虽然“宏博丽雅，为辞赋宗”，但他的为人却“露才扬己，竞乎危国群小之间，以离谗贼，然责数怀王，怨恶椒兰，愁神苦思，强非其人，怨怼不容，沉江而死，亦贬诘狂狷景行之士”。颜子推《颜氏家训》也批评屈原：“然而自古文人，多常陷轻薄。屈原露才扬己，显暴君过。”后魏刘献之更以为：“观屈原《离骚》之作，自是狂人，死其宜矣，何足惜也。”我们细看他们这样提出批评的理由，大都是站在维护君主利益的立场上，从臣子维护君主的权威角度提出的。

但是，站在民众立场上，我们看到的屈原却是另一种形象。他的文学作品，那些置根于楚文化深处的文学嘉构，长期以来一直受到人民普遍的欢迎。这位长吟“长太息以掩泣兮，哀民生之多艰”的大诗人热爱人民，热爱自己的故乡。春秋战国之世，多少人或藉治国治军腹有长策，或凭三寸不烂之舌，说纵谈横，如苏秦张仪之流奔走列国之间。他们肉食高乘，封将入相者，不知凡几。而才华横溢的屈原，却胸怀对家国“狐死必首丘”式的热爱，不肯同流合污的气节，宁可选择抱石沉江，也绝不离乡去国。他的死赢得了人民的深切同情和无尽怀念。在古代民众眼里，历史人物经常被简单化地清楚划分为忠臣和奸臣两种类型。屈原的悲剧命运在民众中唤起了极大的同情心。人们自然把他划为忠臣这一方，和岳飞和文天祥等殳志而殁的历史人物一样，他获得了人民无尽的热爱，他是为奸臣谗言所害的忠臣，是热爱自己家乡不肯背叛的忠臣。他这样的历史人物的故事和端午节结合到一起后，端午节立即获得了前所未有的文化要素。闻一多先生在《人民的诗人——屈原》一文中写道：

> 惟其端午是一个古老的节日，“和中国人民同样的古老”，足见它和中国人民的生活如何不可分离，惟其中国人民愿意把他们这样一个重要的节日转让给屈原，足见屈原的人格，在他们的生活中，起着如何重大的作用。也惟其远在屈原死后，中国人民还要把他的名字，嵌进一个原来与他无关的节日里，才足见人民的生活里，是如何的不能缺少他。端午是一个人民的节日，屈原与端午的结合，便证明了过去屈原是与人民结合着的，也保证了未来屈原与人民还要永远结合着。[1]

闻一多先生的上述见解可谓不易之论。“三军可夺帅，匹夫不可夺志”，热爱自己的父母之邦，热爱自己的人民，坚持自己的信念，决不同流合污，这就是屈原的精神，也是我们中华文化足以“与日月争光”

的文化精神。它是人民认同屈原的理由，它是我们民族文化的精华所在，是中华民族得以延续数千年仍能够屹立世界之东方的精神根源。换言之，屈原传说也是端午节为我们留下的最大的精神财富。围绕这一精神财富，在每年端午节组织相应的文化宣传活动，增强国民的文化认同，这是端午节节日文化建设的重要任务。

第二，端午节还是一个体育的盛节。

古代的端午节俗中有很多与体育生活相关的内容。站在今天的立场上，思考如何把端午节建设成一个体育的节日，至少有以下几重现实意义。

首先，把端午节建设成一个体育的节日，有益于充实端午节的节俗活动内容，可以有效地避免节日活动内容的空洞化。

获得了法定节日地位的端午节，如果仅仅把自己的节俗活动局限于吃粽子、话屈原，长此以往毫无疑问是缺乏必要活力的，导致节日等同虚设，甚至与一般的周末休假无所区别。为了避免这种情况出现，我们必须思考，怎样才能更好地建设我们未来的端午文化？从中国古代端午节俗的特征来思考，我认为端午节实际上还是一个体育的节日。端午节本来就拥有丰富的体育竞技节俗，发挥端午节的这一节俗特征，把端午节作为我们民族的体育节日加以建设，这应当是思考未来端午节文化建设上一条重要的思路。从气候上说，即便在北中国，农历五月也已经进入气温相对比较温暖的时期，所以从古以来端午节是外出郊游的节日，适合人们外出进行各种体育运动。而正如我们在本书第五章中讨论的那样，争与斗从古以来就是端午节节俗中一个极为重要的母题。不论是南中国的龙舟竞渡，还是北中国的骑射竞技，还是角力、摔跤、拔河、克仗斗石，这各种形式的争与斗，实际上都和现代生活中的体育竞技有很多相通之处。在思考未来的端午节节俗文化建设上，把端午节作为我们民族的体育节加以考虑，逐渐建立端午节的体育文化，可以说是非常有意义的。

其次，从当代中国的社会发展来看，把端午节建设成一个体育的节日，可以满足当代中国社会生活领域今后发展的内在需要。自20世纪70年代末改革开放政策施行以来，中国社会一天比一天快地进入了一个波澜壮阔的城市化建设运动之中。一方面大中小城市不断扩大自己的容量规模，全国各地的乡镇也不断发展自己的规模，逐渐形成新的城市。与此同时，大量农村人口流入城市，成为城市的新成员；这一运动带来的一个直接后果，就是传统的地域与社区文化的断裂和解体。在许多新兴城市的新建小区中，来自不同工作领域的居民们奔忙于自己的生活圈子中，很多居民对面居住但并不相识。如何建立社区文化，是今后中国社会文化建设的重要课题。如果我们每年能够利用端午节期，通过认真的规划设计，在端午节期间在全国广大社区中开展实施各种丰富多彩的民族体育竞技活动，这对于推动传统体育的普及，对于推动社区文化的建设，将是具有非常重要意义的。

再次，把端午节建设成一个体育的节日，有利于发展民族体育事业。

中国是历史悠久的文明古国，古代的体育文化发源早，历史长。另一方面，我国幅员辽阔，不同地域相互间自然条件和文化发展都具有多元性，所以民间体育的活动内容也非常丰富。作为民族文化的一部分，我们有加以继承和发扬的责任和义务。但是，百多年来受到欧风美雨的冲击，在追求实现现代化的过程中，很多传统体育项目，包括非常经典的传统项目都凋零了。以射箭为例，作为古代的“六艺”之一，我国早在上古就已经有非常发达的“射”文化。但在我们今天的生活中，射箭这项古老的体育项目已经完全失去了现实土壤，成了单纯书本上的知识。看一下我们周边的东亚国家，在日本、在韩国，古老的与射箭相关的文化却仍旧得到继承发扬，在日本，射箭称为“弓道”，是很多大学体育俱乐部中非常活跃的一个。在韩国，更是很多中学都设有弓道部。从国际体育发展上看，射箭是国际奥林匹克运动的

清末正在练习拉弓射箭的青年人 fotoe/供图

正式比赛项目。尽管2008年北京奥运会我们在射箭项目上有很好的表现，但射箭文化在今天却仅只是局现在“金牌体育”范围内。随着我们民众生活水平的提高，相信在中国大地上，古老的“射”文化一定会重新焕发出自己的光彩。与此类似的民族体育项目和活动数不胜数，但大都处于自生自灭的状态，所谓百废待兴，民族体育的长足发展，非常需要一个宝贵的契机。我认为如果我们今后能够合政府与民间的力量于一体，将端午节作为民族体育节日加以建设，不仅可以为端午节俗提供非常好的支撑，而且可以极大地推动民族体育事业的发展，对于建立和谐社会，提高民族向心力，意义重大。

第三，端午还应当是中国的卫生节。

端午与卫生的关联，是黄石先生早在《端午节俗史》中便已经提出的。黄石先生指出：“端午节是个浑然的岁时礼俗体系，它的诸般礼俗有一条线索贯通，作为它们的中心柱义，是什么呢？一切都为了逐疫，一切都为了保证生命的安全，最高的目的，唯一的动机，是生存欲的表现。一句话，端午是逐疫节，这就是它的根本意义。”[2]端午节所处的五月，正如黄石先生所云，是古人避邪逐疫的月份。端午节也是中国古人避秽、禳毒、却病、延寿的节日。卫生，从字面上理解，就是保卫生命。在科学不发达的年代，在五月这一阴阳转换疾病易于流行的季节，为了保卫自己的生命不受侵犯，古人想出了种种办法。他们或登高以避灾，或临水浴兰以辟邪，或臂悬五彩丝，或走百病，以至使用赤灵符、天师符、五雷符、五毒符等灵符驱鬼逐疫却毒，借钟馗、张天师、韦陀等佛道神圣的神力自保，他们围绕着保卫自己的生命这一主题，发展出了一系列节俗文化。让自己的生命从各种威胁中走出来，这是五月端午节俗的一个核心目的，也是我们今天继承的端午节日文化的重要组成部分。端午节还和古代医学关系密切。端午节是中国古代人登山采药的日子，是捣药、晒药、制药的日子。尽管在科学昌明的今天，这些节俗可能从使用意义上已经不那么可信或可行，但我们仍然可以借着这种种节俗来表达我们民族对于生命健康、家族幸福、国运昌盛的渴望。与此同时，面向未来，我们今后要建设的端午文化中，从古代的躲避瘟疫、禳除邪毒、却病延寿的主题中，从中国古代人登山采药、捣药、晒药、制药的节俗中，大可以生发出以端午节为卫生节的理念。各地可以以这一核心理念出发，围绕卫生这一主题，结合自己的气候和自然环境，组织一系列和卫生保健相关的社会活动。

很多年轻人说，面对五彩纷呈的当代社会，包括端午节在内的传统节日已经失去原有的魅力，很多年轻人直言，传统节日没有意思。这样的意见，我们应当怎样对待？

我想，造成这种局面，首先是因为长期以来我们的政策缺乏对传统节日相应扶持有关。建国以来，我们长期视自己的节日文化传统为封建糟粕，在国家法定节日体系中，对于传统节日缺乏应有的重视，没有给传统节日留出必要空间。好在这种局面今天已经开始转变。我们欣喜地看到，包括端午在内几个大的传统节日已经正式成为国家的法定假日，它们今后在我们的国民生活中产生的影响，占有的分量，一定会一年盛于一年。看一看日本和韩国，我们就会知道，传统节日是可以在现代生活中仍旧得以获得旺盛生命力的。作为民族文化的时间符号，传统节日在韩国和日本的存在情况对我们来说是非常重要的参考。中国青年出版社在2008年12月出版了原日本文化厅长官青木保的三本书——《日本文化论的变迁》、《异文化理解》、《多文化世界》。和一般的日本官僚不同，青木保在进文化厅当长官之前，早已是日本知名学者。他曾先后在大阪大学、东京大学、早稻田大学任教授，曾任泰国国立桥拉伦贡大学、美国哈佛大学研究院、法国巴黎社科院、德国昆思丹茨大学等多处大学与研究院的名誉教授，是一个有广阔国际视野的学者。当这样一位学者主掌日本文化部门的时候，他提出的施政主张是"文化力"。在青木保看来，影响世界的实力分为两种，一种是硬实力，比如阿拉伯诸国在1973年促使OPEC施行减产并上涨石油价格等措施，最终引发全世界规模的石油危机，阿拉伯世界通过拥有的石油资源暂时增强了影响世界的能力。这种能力就是硬实力，国家的经济能力、军事能力、技术力量等，都是这类硬实力。靠硬实力来影响世界很容易被理解，是大家都耳熟能详的常识。而实际上影响世界的还有另一种重要的力量，这就是软实力，即文化力。青木保认为，软实力是与一个国家、一个社会以及社会的组成人员多方面牵连的，它是一个国家文化所具有的独特的魅力。美国的力量，绝不仅仅反映在军事打击能力、强大的核打击能力等上面，同时还反映在它强大的文化上。从好莱坞电影、摇滚乐、流行乐、爵士乐到可口可乐、麦当劳、运动鞋等等在内的美国文化的力量，在日本，在北京，在上海，在东南亚，在印度我们都可以感觉到。仅仅拥有强大的军事打击能力、强大的核打击能力的美国并不拥有强大的魅力。强行到处行使硬实力最后经常只能落得众叛亲离。而美国拥有的强大的软实力则就在我们的身边，它们影响着我们正在成长的一代又一代年轻人。在青木保的视野中，一个国家的文化资源、文化创造力、文化表现力，乃是一个国家的命脉所系。如果接受这一观点，我们不妨自我检省，我们的软实力是什么？我们怎样淬炼我们民族的文化力？近年来，日本文部科学省也积极主张“文化力”的研究。他们认为，在当今社会，一个民族的综合国力绝不仅仅是钢产量和小汽车的拥有量，也不仅仅是国民平均收入，一个民族是否拥有自己富有特征的文化，是否拥有“文化力”，将是一个国家强弱非常重要的指标。因此他们对于足以代表自己民族“文化力”的传统节日非常重视，从社会各个层面对之加以保护。韩国对于传统节日的保护更是不遗余力。我想很多人对于2005年11月韩国的江陵端午祭申请成为世界文化遗产一定印象深刻。其实今天成为世界文化遗产的江陵端午祭，已经不是一个完全传统意义上的节日活动。由于长期战乱和日本殖民时代的影响，传统的江陵端午祭很多做法已经凋零，几十年来，是为数众多的韩国民俗学者和政府官员们与韩国民众共同携手努力，重新打造了这一节日活动。今天的江陵端午祭，它包含了很多新的因素，是经历过烈火重生的一只凤凰。

我想，前面所说到的年轻人们关于包括端午节在内的传统节日“已经失去原有的魅力”、“传统节日没有意思”的意见是非常值得我们重视的，是我们必须直接面对的问题。对于我们，如何建设自己国家的“文化力”，传统节日无疑也是一个极其重要的环节。我们知道，因为节日每年循环往复，它对人有潜移默化的巨大影响。但由于我们长期对于传统节日文化的忽视，由于一次次政治运动和“五四”以来反传统的文化运动的冲击，我们相当多的传统节日有的奄奄一息，只存留于部分偏僻地区，有的甚至已经不存在于实际生活，只见诸典籍记载。即便有一些大的节日尚有留存，但得以保留的，也只是非常单调的几个节日符号。比如我们今天向年轻人问及端午，除了屈原传说，吃粽子，很少有人能回答上更多的内容。面对这种局面，我们必须开动脑筋，深入去研究古代的节日文化，找到那些可以在现代生活中占有一席之地的节俗元素。另一方面，还要做好田野调查。古语有云："礼失而求诸野"，因为很多节日的古俗，在局部地区仍旧有流传。做好这部分田野调查，会为我们的节日研究提供很多鲜活的内容。还有一点就是要参照国外成功的经验。如何研究和保护好自己民族的传统节日，在国外有很多成功的案例，可资我们参考和借鉴。总而言之，我相信只要我们能抓住历史发展提供的机遇，在继承的基础上不断创新，我们就一定能够建设出具有我们民族鲜明特色的节日文化。

韩邦亭《端午赋》云：

临仲夏而济美，入端阳以问源。迷故事之莫辨，叹众说于纷繁。或念伍子，或祭屈原。拜神龙于百越，诔曹娥于江沿。既驱邪而避疫，复尚巫以求全。分蔽野之浓翠，共醉心于灵篇。世人多哀惋于屈子，论华辞以流传。长策难留，握瑾瑜而沉逝；华章喜诵，漂丽句于湘沅。遂有重五之盛焉。

若夫庭除扫而院净，菖蒲挂而艾悬。佩香囊以成索，状童稚而多妍。轻汗出而执扇，天中至而浴兰。彩线轻缠玉臂，小符斜挂云鬟。欢歌无长幼，斗巧输少年。梅雨初黄，润榴花以增秀；莺喉慢啭，隔草树而储烟。密叶集而绿茂，熏风扰而红翻。逐蝶影之飘逸，数杨花以联翩。松墨初沾素纸，芳踪已透珠帘。越人驭舴艋之舟，轻拨涟漪；卢女驻芙蓉之浦，小弄琴弦。

至若称美食以叹羡，于春秋而开端。越苍苔于清壑，汲澄碧之幽泉。五色才围蜜粽，七彩满盛金盘。角黍包金，翠柳闲翻绿韵；新茶泛玉，黄酒微惹红颜。大唐匀至味于东瀛，咸称白玉；苏子见杨梅于粽里，喜赞肥甘。进村蔬以佐鼎，纳淳风以调元。拨五音于夏钧，园中足咏；采时令之佳果，树下尝鲜。

若乃驾龙舟而竞渡，骋意兴以超前。昔时舟饰锦牌，展轻姿以俊迈；鸾翔绮旆，绣仙葩与对联。张罗伞以蔽日，绘龙凤与群仙。银钗照以彩列，罗袂舞而香延。棹影穿波，三鼓竞而红旗展；巨声破浪，双龙跃而白水翻。壮欢声以雷动，夺虹霓于彩竿。迅楫齐驰，棹歌乱响；飞花溅落，观者腾欢。于今传赛事于世界，建友谊而缔缘。港台飞舟，望高标而抢水；亚欧竞技，分伟状以冲天。气压岳阳，承祥氛于妙境；龙腾汨水，作熙朝之宏观。

品一粽而成趣，划百桡以争先。大脉相承，颂楚乡之佳话；千古不易，照危峰于碧潭。思山斗以振笔，望横流而涌湍。物庶乡曲，多惜今而鉴往；节出汉代，时吊古而尊贤。系亲情之古厚，处谐和于自然。沐浴湘风，树中华之文物；歌吟荆赋，呈瑰彩于尘寰。

美哉端午！美哉我们传统的节日文化！

【注】

1 《闻一多全集》，湖北人民出版社1993年版，第13页。

2 黄石《端午礼俗史》，（台湾）鼎文书局1979年版，第230页。

后记

终于把端午节写成这样一本小书，算是完成了自己一份心愿。

写书是一件总要留下遗憾的工作。在本书结束的时候，我望着案头的资料，心中真是觉得非常遗憾。由于身体原因，这两年很少对案工作。按照自己的设想，这原本是可以写得更好的一本书。

从内容上讲，端午节的文学就是没有认真被研究过的领域。特别是有关端午节的戏剧作品，远没有像盂兰盆节相关戏剧那样被作为一个专题加以研究。历史上曾经长期存在过没有电视，没有电影，也没有广播的一个声光电还没有走进人们生活的年代。那样的年代，人口的流动性也非常小。所以，村子里来了一个说书的或一伙唱戏的，那就是周围十里八村的大事。听老人们讲，过去听说有戏看，走几十里山路年轻人也会经常结伴去看，最喜欢戏的人，还会跟着戏班子转着看。但是，请戏班子演戏，是一笔不小的开销，所以，只有遇到重要的节庆或喜丧大事，才会请戏班子唱戏。而戏班子演的戏须应景，须和这些重要的节庆或喜丧大事合上拍子。端午是过去人们生活中的大节日，那么一定有和这节日相关的戏曲曲目，它们最重要的有哪些呢？在我所查考的范围中，端午节经常上演的戏剧，主要有围绕道教“张天师收五毒传说”的各种故事。庄一拂《古典戏曲存目汇考》中即收有《混元盒》、《阐道辟邪》等相关曲目。在大量保存了清代戏曲底本的《车王府曲本》中，也收有当时上演的“张天师治五毒”系列的《混元盒总讲》、《蟒凡全串贯》、《如意针全串贯》、《九花洞总讲》等等。清末的慈禧太后是个戏迷，她尤其喜欢以《西游记》等为代表的神魔类小说故事题材。应和她的喜好，“张天师收五毒传说”的系列故事，也被整理编成了《阐道除邪》，成了能够扮演几天的大套戏本。在古典文学领域中的张天师，其在世间的地位一般说并不那么崇高。我们看元杂剧中的张天师，明清小说中的张天师，其法力都非常有限。在罗懋登著《三保太监西洋记》中，他使的总是一条草龙，总是三下五除二就败下阵来，就是最好的证明。但张天师在被讽刺和嘲弄的同时，也有神圣的一面。在《混元盒五毒全传》这一故事系列中，他就是作为正面形象堂堂正正登场的。这大概是因为五月是毒虫开始肆虐的月份。《齐民要术》云："五月芒种节后，阳气始亏，阴慝将萌。煖气始盛，蛊蠹并兴。"端午节俗中，有很多是关于如何对付这些毒虫的。而有关张天师收治五毒的传说，就是产生于这一背景下的。如何研究这些戏剧作品，是今后岁时文化研究者和古典文学研究者共同的课题。

这样的领域其实还很多。比如在1875年以前，琉球王国也是东亚国际社会的一员，它的文化发展也受到中国的影响。那么端午节的节俗文化对于古代琉球王朝有什么样的影响？这种影响在今天的日本冲绳县是否还存在，就是一个直到今天仍旧没有人认真研究过的问题。此外，韩国江陵端午祭与中国端午节俗之间的关系，两者之间的同异，也有认真加以研讨的必要。这些原本应当认真一一加以清理和研究的领域，本书最后却都只能留白。因此在结束本书时，笔者心中感到非常遗憾。有关端午的研究，实在还有许多须待将来认真推进研究的地方。

本书写作过程中，曾得到笔者高中时代的老师杜尚侠先生的指导和帮助，又蒙台湾辅仁大学钟宗宪兄帮助收集黄石先生《端午礼俗史》等资料，有关江陵端午祭的图片由中国社科院贺学君研究员提供，刘魁立老师、叶涛学兄、陈连山学兄、刘宗迪学兄等师友皆亦曾于写作过程中多加黾勉，书成之际，复蒙山东省枣庄市中学教师韩邦亭先生同意将其大作《端午赋》引于全书结束处，为本书平添一缕文采，谨此一并致谢。

接受写作这本小书的工作，是2006年的夏天。这本原来该2007年交稿的小书却拖了三度寒暑。而三联书店特别是责任编辑却一直善意地给笔者以体谅。这份体谅实在给几次卧病的笔者心灵太多的宽慰。在本稿交付之际，请允许我对三联书店表达一份由衷的感激和诚挚的歉意。

刘晓峰

2009年清明节 清华园

图书在版编目(CIP)数据

端午/刘晓峰著. -北京：生活·读书·新知三联书店，2010.4
（节日中国）
ISBN 978-7-108-03241-6

Ⅰ.端… Ⅱ.刘… Ⅲ.端午-风俗习惯-中国 Ⅳ.K892.1

中国版本图书馆CIP数据核字（2009）第126897号

责任编辑 张 琳
装帧设计 李 薇
出版发行 生活·讀書·新知 三联书店
北京市东城区美术馆东街22号
邮 编 100010
经 销 新华书店
印 刷 北京国彩印刷有限公司
版 次 2010年5月北京第1版
2010年5月北京第1次印刷
开 本 635毫米×965毫米 1/16 印张 10.5
字 数 110千字 120图
印 数 0,001-7,000册
定 价 39.00元

1993年端午节前夕，河南省驻马店市一位百岁老人在街边缝“香袋”送人。周一渤/摄 fotoe/供图